曹悠 叶蒙蒙 著

福尔摩斯
的科普课

上海科技教育出版社

图书在版编目(CIP)数据

福尔摩斯的科普课/曹悠,叶蒙蒙著. —上海:上海科技教育出版社,2022.10(2025.1重印)

ISBN 978-7-5428-7793-2

Ⅰ.①福… Ⅱ.①曹…②叶… Ⅲ.①科学知识—普及读物 Ⅳ.①Z228

中国版本图书馆CIP数据核字(2022)第154367号

责任编辑　王　洋
装帧设计　李梦雪

FUERMOSI DE KEPUKE
福尔摩斯的科普课
曹悠　叶蒙蒙　著

出版发行	上海科技教育出版社有限公司 (上海市闵行区号景路159弄A座8楼　邮政编码201101)
网　　址	www.sste.com　www.ewen.co
经　　销	各地新华书店
印　　刷	常熟市华顺印刷有限公司
开　　本	720×1000　1/16
印　　张	15
版　　次	2022年10月第1版
印　　次	2025年1月第3次印刷
书　　号	ISBN 978-7-5428-7793-2/N·1157
定　　价	58.00元

目 录

第一章　走进福尔摩斯的世界　/ 001
　　福尔摩斯其人　/ 002
　　华生和柯南·道尔　/ 013
　　福尔摩斯的时代　/ 024
　　福尔摩斯热　/ 036
　　福尔摩斯的启示　/ 047

第二章　福尔摩斯和推理　/ 051
　　推理——一门精致的科学　/ 052
　　福尔摩斯的推理　/ 056
　　现实中的推理　/ 067
　　推理的极致——心理侧写　/ 073
　　科学推理　/ 078
　　推理能力小练习　/ 083

第三章　福尔摩斯和密码学　/ 085
　　此密码非彼密码　/ 086
　　福尔摩斯和密码　/ 092

历史上的密码 / 103
恩尼格玛密码——机械加密的鼻祖 / 113
魔道相长的加密与解密技术 / 132
试试自己编密码 / 136

第四章 福尔摩斯和信息管理 / 139
走近信息 / 140
信息管理 / 149
信息安全 / 162

第五章 福尔摩斯和化学 / 175
化学和它的历史 / 176
福尔摩斯的化学 / 184
化学小贴士 / 202

第六章 福尔摩斯和地质学 / 205
最宏大的学科之一 / 206
福尔摩斯的地质学 / 207
地质学对刑侦学的贡献 / 214
观察你身边的土壤 / 222

结束语 / 227
参考书目 / 232

第一章
走进福尔摩斯的世界

☽

　　歇洛克·福尔摩斯是英国作家柯南·道尔创作出来的一位世界文学史上的著名人物,问世100多年来,他的热度从来没有消退过,反而有越来越多的人成了他的拥趸。是什么让福尔摩斯拥有如此持久的吸引力?福尔摩斯是一个什么样的人?他生活在一个什么样的时代?接下来就让我们一起走进福尔摩斯的世界,一一探寻这些问题的答案。

福尔摩斯其人

福尔摩斯是一位侦探,但他不是普通的侦探,而是一位"咨询侦探"。也就是说,他不只做破案和抓坏人的工作,还是侦探的最高裁决者,在其他侦探遇到困难的时候帮助他们,给他们指引方向。福尔摩斯把这份工作干得风生水起,很多侦探愿意听从他的指引,其中不乏官方的调查人员,他也确实比这些侦探聪明,那么福尔摩斯都有什么样的本领呢?

福尔摩斯的助手华生刚到伦敦的时候,遇到了他在医学院时的助手小斯坦弗,小斯坦弗告诉华生,福尔摩斯是一个行为怪异的人,而且知道不少稀奇古怪的知识。

显然,在普通人眼里,福尔摩斯所掌握的知识不是一般人知道和用得上的。华生刚成为福尔摩斯的室友时,也对他的知识和技能充满好奇,还列了一张清单,内容是福尔摩斯的学识范围。

这张清单是这么写的:

歇洛克·福尔摩斯的知识范围:

1. 文学知识——无。

2. 哲学知识——无。

3. 天文学知识——无。

4. 政治学知识——浅薄。

5. 植物学知识——不全面,但对于莨蓿制剂和鸦片却知之甚详;对毒剂有一般的了解,而对于实用园艺学却一无所知。

6. 地质学知识——偏于实用,但也有限。他一眼就能分辨出不同的土质。在散步回来后,他曾把溅在裤子上的泥点指给我看,并且能根据泥点的颜色和坚实程度说出它是在伦敦什么地方溅上的。

7. 化学知识——精深。

8. 解剖学知识——准确,但不系统。

9. 惊险文学——很广博,他似乎对近一个世纪发生的一切恐怖事件都知之甚详。

10. 小提琴拉得很好。

11. 善使棍棒,也精于刀剑拳术。

12. 在英国法律方面,具备十分实用的知识。

后来,这张清单被华生扔进了火里,因为他不能根据它判断出福尔摩斯到底是做什么的。但当福尔摩斯把谜底揭开、宣称自己是一名侦探之后,我们忽然发现,这张清单上所列出的福尔摩斯拥有的知识和技能都是他进行犯罪侦破工作所必需的。比如,植物学和解剖学显然是判断受害者死因和伤势所必须掌握的知识,而化学和地质学则是进行法证鉴定的重要手段,至于搏斗术和法律就更不用说了,那是把罪犯绳之以法的重要工具。

福尔摩斯最被人津津乐道的技能是他的推理能力。福尔摩斯说,他的推理方法名为演绎法,但演绎法并没有列在这张清单上,因为华生在列这张清单的时候,还不知道福尔摩斯有这样的能力。

是的,这份清单并不准确。这里面说福尔摩斯没有文学知识、哲学知识和天文学知识,说他的政治学知识很浅薄,但到了后来,福尔摩斯和华生熟了之后,尤其是打开了话匣子之后,福尔摩斯展现出了极为渊博的文学、哲学和天文学知识,而且他对欧洲大陆的政治格局了若指掌(可见,我们在没有深入了解一个人之前,最好不要对这个人轻易下结论)。

福尔摩斯是个博学的人,但是和华生刚认识的时候,他并没有多大的名气,生活也比较拮据。而华生只是一个刚从阿富汗退役归来,除了一身伤病外别无长物的前军医。这两个人都负担不起伦敦的高房租,所以只能合租。他们的相处有没有问题呢?

一开始,华生觉得"福尔摩斯并不是一个很难相处的人"(《血字的研究》)。华生曾说,福尔摩斯"身高6英尺多(约合183厘米),身材异常瘦削,因此显得格外颀长;目光锐利(他茫然若失的时候除外);细长的鹰钩鼻子使他显得格外机警、果断;他的下颚方正而突出,充分显示了他的决断。他的双手虽然斑斑点点沾满了墨水和化学药品,但是动作却异常地熟练、仔细"(《血字的研究》)。你看,就这气质似乎怎么都称不上平易近人。可华生却说他并不难相处,为什么呢?

福尔摩斯很安静,生活也非常有规律,很少在晚上10点之后睡觉,早上很早就吃早饭,有时会在化验室或解剖室待一整天,不出门时,就整天躺在起居室的沙发里一动不动,一言不发。看到这儿,我们会发现,福尔摩斯似乎不太喜欢和别人交流,但对于喜欢安静的人(尤其对于华生这位可能患有创伤后应激障碍的人)来说,他确实是个不错的室友。然而,当我们回想起华生的那位前助手小斯坦弗的描述,又不禁心生疑窦——福尔摩斯难道就是这样一位与世无争的普通人吗?

威廉·吉列特饰演的福尔摩斯。这是史上第一个获得公众认可的福尔摩斯形象

很快,福尔摩斯便展现出了他的另一面。一天早上,福尔摩斯安静地吃着早餐,华生破例地早起了一些,却发现房东太太没有为他准备座位和咖啡,于是带着一肚子气拿起了一篇叫作《生活宝鉴》的文章,对它大放厥词、横加批评,却不料这篇文章的作者正是福尔摩斯,文章的内容则是阐明一个人如果善于观察,便会有很大的收获。

福尔摩斯似乎并未对华生的批评感到不快,但接下来,他便向华生说明了自己的身份——一位"咨询侦探",观察和推理——也就是这篇文章所详细阐述的内容——正是他的两项特殊才能。他滔滔不绝地为华生解释自己是如何运用这两种能力的,顺便也解释了自己为什么一见到华生就知道他是从阿富汗回来的。

就这样,福尔摩斯越来越口无遮拦。华生谈起了小说中的几位侦探,福尔摩斯均一一点评。他先说杜平(美国小说家埃德加·爱伦·坡塑造的人物,世界文学史上第一位侦探形象)是个"微不足道的家伙",接着又说勒考克(法国小说家埃米尔·加博里奥塑造的警探形象)是个"不中用的笨蛋"。把这两位同行兼前辈贬斥一番之后,他又开始抱怨最近一直没有罪案发生,他的头脑都白费了。

就在他抱怨不休的时候,苏格兰场(即伦敦警察厅)的警探葛莱森派人给他送了一封信,于是他又开始点评这些警方人士,说葛莱森是苏格兰场最聪明的人物。这句话还好,但请注意他接下来的话:"他和雷斯垂德一样,称得上是那一群蠢货之中的佼佼者,他们两人眼疾手快、精力旺盛,但都因循守旧,而且守旧得厉害。他们彼此钩心斗角……"

多么毒舌!看到这里,我们终于对福尔摩斯的性格有了全新的认识:他并非沉默寡言,只是没有遇到能让他打开话匣子的话题而已;他也并不是一个低调谦虚的人,反而骄傲自负到了几近自恋的地步,似乎在他的眼里,没有谁值得他表现出一丝一毫的敬意。

  福尔摩斯并不是一个背后嚼舌根的人,他在刻薄、自负方面表现得表里如一。在《四签名》里,华生对福尔摩斯的侦探方法大加赞赏,换来的却是福尔摩斯的当面批评。他认为华生"试图给它涂上一层浪漫的色彩,其结果就像是在几何定理里掺进了恋爱故事一样荒唐"。这弄得华生很不愉快,只能自顾自地抚摸伤腿。

  批评华生的文字,这还不算是对其最严重的伤害。同样是在《四签名》里,福尔摩斯对华生的一块表进行了一番观察和推理。推理过程固然精彩,他却完全没有考虑到这番推理触动了华生心中的隐痛,令华生陷入无限伤感之中。华生"内心愤愤不平",甚至怀疑福尔摩斯为了装神弄鬼而事先访查过自己哥哥悲惨的历史。

  显然,福尔摩斯并不太重视人情世故,他是一个心直口快的人,不太在意别人的感受。他的倨傲也贯穿于故事的始终,他拒绝过爵士称号(《三个同姓人》),哪怕是面对国王,福尔摩斯也能满含挖苦地说"那位女士确实是有着和陛下不一样的水平"("水平"的英文是"level",它还有"地位"的意思,此处是双关,暗指国王配不上艾琳·艾德勒),并做到"国王伸出手表示要握手,可是他连看都没有看"(《波希米亚丑闻》)。

  然而,就是这样一个骄傲到几乎没朋友的人,却十分珍视和华生之间的友谊。很多时候,他都称华生为"亲爱的华生"。他有时也会调侃华生,说他"进步很大","虽然忽略了所有重要的东西,但是已经掌握了方法"(《身份案》),但他其实很重视华生作为助手的作用,而且非常关心华生的安危。在《恐怖谷》中,他指导华生去破解密码。在《最后一案》中,当福尔摩斯面临极大威胁的时候,他首先想到的是找华生帮忙,而在这个案件的最后,他明知敌人想用"调虎离山"之计让华生离开自己,却放任华生离开,让自己独自身处险境。在《空屋》中,福尔摩斯归来后首先要找的就是华生。在《三个同姓人》中,华生中枪后,福尔摩斯把他扶到椅子上,嘴里一直在说:"没伤着吧,华生?看在上帝的份儿上,告诉我你没有受伤。"在知道华生只受了轻伤之后,又转身怒斥袭击者:"要是你杀了华生,你不会活着离开这间屋子。"他对华生的关心溢于言表,让华生十分感动。

福尔摩斯也不是万能的,他有时也会犯错误,甚至遭受挫败。他和艾琳·艾德勒连番斗智,最终铩羽而归。我们可以想象自负高傲的福尔摩斯此时有多么懊恼,但他却并没有恼羞成怒,反而因此对艾琳产生了崇高的敬意。他拒绝了国王的高额酬劳,只要了一张艾琳的照片作为纪念,同时他还用"那位女士"这个称呼来代指艾琳(《波希米亚丑闻》)。

在《致命的橘核》里,福尔摩斯又一次遭受了挫败。这次他感到十分愤怒,发誓要"亲手杀死这帮家伙",但这种愤怒并非出于狭隘的好胜心,而是出于一种因为没有保护好受害人而产生的自责。在《黄面人》中,福尔摩斯错误地判断了案情,真相大白后,他要求华生"如果以后你觉得我对自己的能力过于自信,或在办一件案子时没有全力以赴,你最好轻轻在我耳旁说一声'诺伯里'*,我会对你感激不尽的"。显然,他会牢记教训,避免今后犯同样的错误。

上述的种种表现,让我们感受到福尔摩斯是一个既有性格,同时又有缺陷的不完美的人,这种不完美并不影响福尔摩斯的伟大,反而让福尔摩斯更加真实,更加令人敬佩。

作者柯南·道尔一心要塑造一位与众不同的侦探形象,所以他除了赋予福尔摩斯骄傲自负的性格外,还让他拥有一连串常人难以望其项背的兴趣和常人难以忍受的恶习,这些恶习让他的房东哈德森太太长期以来吃了不

---

*诺伯里是这起案件的发生地。

少苦头(《奄奄一息的侦探》)。

福尔摩斯最出名的爱好有这么几项：做化学实验、拉小提琴、注射7%可卡因溶液。

福尔摩斯第一次见到华生的时候，他正在做化学实验，显然他对自己的实验结果非常满意，所以当时他迫不及待地要向华生分享自己的成果。但他把实验室搬到了住处，这就让人难以忍受了。他在房间里做化学实验，导致屋子里有时散发出恶臭(《四签名》《跳舞的小人》)，有时飘荡着"新鲜而刺鼻的盐酸气味"(《身份案》。在此要提醒诸位读者，盐酸的气味绝对刺鼻，但远谈不上新鲜，不慎吸入倒是很可能导致中毒)，他做实验用的松木桌也被酸液弄脏了(《空屋》)。更要命的是，他会到处乱放自己的化学药品，这些药品有时会出现在黄油盘里，有时甚至会出现在更加令人意想不到的地方(《马斯格雷夫礼典》)。在此，我们不禁要感叹，福尔摩斯的化学实验没有把房子点燃或者炸掉，也没有让他自己和华生中毒，这是多么侥幸啊！

1899年，舞台剧《福尔摩斯》的剧照。威廉·吉列特扮演福尔摩斯(右)，布鲁斯·麦克雷扮演华生(左)

小提琴是福尔摩斯的标志。在读者的心中，福尔摩斯和小提琴是紧紧联系在一起的，所以不管哪部由福尔摩斯故事改编的影视剧，都会出现他拉小提琴的镜头。华生对福尔摩斯的小提琴技艺赞誉有加，在刚才我们看到的那张清单里，小提琴还作为单独的一条被专门列了出来。但大多数时候，福尔摩斯显然并不想认认真真地演奏给某个人听，他兴致来了就拿起小提琴想到哪儿拉到哪儿，完全不管这时是白天还是午夜，有时拉得完全不成曲调，根本不管周围的人受不受得了。

至于注射7%可卡因溶液这个嗜好，则让人感到过于惊悚。这种做法不要说在现代（在现代社会，福尔摩斯的做法会被百分之百地判定为吸毒，这没什么好争论的），在当时也令华生感到十分震惊和不能接受。在维多利亚时代，虽然英国的法律规定没有现在这么严格，社会对吸毒行为也没有现在这么警惕，但它仍然是社会所不能接受的。柯南·道尔之所以要赋予福尔摩斯这样一种恶习，固然是为了彰显他的与众不同，但显然缺乏长远的考虑，后来，他没有在这件事上做过多的渲染，而是让福尔摩斯在华生的帮助下戒掉了毒瘾（《失踪的中后卫》）。

至于生活方面，福尔摩斯虽然衣着整洁，但房间里却乱得一塌糊涂（其实，现实生活中也经常会有这样的人）。华生本人并不是一个非常整洁的人，他的生活也常常是乱糟糟的，但是就连他都难以忍受福尔摩斯邋遢杂乱的生活习惯。

福尔摩斯的起居室里到处都是他的案件资料、化学药品、罪犯遗物，这简直让人难以下脚。他把烟卷放在煤斗里，烟叶放在一只波斯拖鞋里（据说这是作者老家爱丁堡人的习惯），把没有回复的信件用一把大折刀插在木制壁炉台的中间。更有甚者，他会在房间里开枪，在墙上打出一片弹洞，那些弹洞组成了两个字母——VR（《马斯格雷夫礼典》）。至此，不得不说点题外话，当时英国女王维多利亚的皇室徽号Victoria Regina的缩写就是V. R.，而福尔摩斯可是位爱国者，他在多个故事中替政府效力以保国家安全。

这样一位特立独行的侦探，肯定不是一位八面玲珑的社交高手，也很难找到自己的人生伴侣。对于感情生活，福尔摩斯向华生坦言，"我从来没有恋爱过"（《魔鬼之踵》）。

由于福尔摩斯对艾琳赞许有加，甚至在《波希米亚丑闻》案件了结之后放弃了高额报酬,只要了一张艾琳的相片作为纪念,从而引得福尔摩斯的拥趸们浮想联翩。尽管华生(或者说柯南·道尔)坚决否认福尔摩斯"对这个女人有着什么别样的感觉,或者是喜欢,或者是爱,都没有",但是福尔摩斯迷们很不愿意接受这种说法,在他们看来,华生医生这样强调恐怕是"此地无银三百两"。

不管这段感情真也罢,假也罢,总之,我们可以发现,与情感丰富、性格外向的华生比起来,福尔摩斯冷漠得像一块石头,对爱情没什么兴趣。福尔摩斯倒是订过一次婚,对方是调查对象的女仆(《米尔沃顿》)。而这所谓的订婚只是为了套取调查对象的秘密,福尔摩斯隐瞒了身份,假扮成一名水管工人,还用了假名。虽然福尔摩斯说自己有个情敌,只要自己一转身就会被挤掉,但我们还是觉得福尔摩斯这种做法有玩弄感情之嫌。反倒是华生,一听说福尔摩斯用这种方式调查,立刻开始为那个女孩担心。不得不说,相比之下,华生显得有人情味多了。

福尔摩斯不只是不善于(或者说不愿)经营爱情,对于亲情和友情他似乎也不太重视,甚至可以说是刻意回避和人交往。他不喜欢接近女人,不愿结交新朋友,甚至绝口不提自己的家庭成员,但有一次,福尔摩斯还是谈起了他的家人(《希腊译员》)。

福尔摩斯说他的祖上是乡绅,他的祖母是法国画家韦尔内(人们一般认为,福尔摩斯的这位亲戚是克洛德·约瑟夫·韦尔内,他是18世纪法国杰出的风景画大师,代表作有《法国海港》组画、《暴风雨和遇难船》等)的妹妹,福尔摩斯认为自己的艺术细胞就来源于这位舅公,接下来福尔摩斯着重介绍了自己的哥哥——迈克罗夫特·福尔摩斯。

福尔摩斯首先对迈克罗夫特的推理能力大加称赞,说他的推理能力远在自己之上。接下来他用两个"古怪"来形容自己这位哥哥,说迈克罗夫特是个最古怪的人,而他所在的第欧根尼俱乐部则是伦敦最古怪的俱乐部。

第欧根尼俱乐部接纳了伦敦城里最孤僻、最不爱交际的一群人,会员不准互相搭话,除了在会客室,任何情况下都不许交谈,犯规3次便要被开除,而迈克罗夫特则是这个俱乐部的发起人之一。

按照福尔摩斯的说法,迈克罗夫特有很强的推理能力,自己都曾经向这个哥哥请教过,但迈克罗夫特不愿意做侦探工作,因为他嫌证实自己的论断太麻烦。一开始,福尔摩斯说,他这个哥哥精通数学,在政府部门工作,主要负责查账,但是迈克罗夫特的实际工作远不止这么简单,因为到了后面,福尔摩斯又说"在某种意义上,你也可以说他有时就是英国政府"(《布鲁斯-帕汀敦图纸案》)。所以,我们可以猜测,对于迈克罗夫特来说,他不肯去做侦探工作也许不是因为懒,而是因为有更重要的工作在等着他去操心。

迈克罗夫特给福尔摩斯介绍过几件案子,这些案子既有《希腊译员》这样迈克罗夫特感兴趣但又懒得去查的,也有《布鲁斯-帕汀敦图纸案》这种跟英国政府有关的。在福尔摩斯面临危机时,迈克罗夫特还会为他提供帮助,如在《最后一案》中迈克罗夫特曾假扮成马车夫帮助福尔摩斯逃脱詹姆斯·莫里亚蒂教授的追杀;在福尔摩斯假死之后,是迈克罗夫特帮助他隐藏起来,躲避敌人的耳目(《空屋》)。在《最后致意》这个故事中,迈克罗夫特虽然未被提及,但已经退休的福尔摩斯能够受英国政府的委托(连外交大臣和首相大人都亲自上门邀请福尔摩斯)出山抓捕德国间谍,迈克罗夫特

莫里亚蒂(《最后一案》的插图,插图作者西德尼·佩吉特)

在其中扮演了什么样的角色,就非常耐人寻味了。

华生医生是福尔摩斯一生的挚友,除他之外,福尔摩斯几乎没什么好朋友。也许苏格兰场的葛莱森和雷斯垂德两位警官可以算作福尔摩斯的朋友,尤其是雷斯垂德警官,他是福尔摩斯的故事里出场最多的一位警方人士。一开始,福尔摩斯对雷斯垂德的评价并不高,"蠢货里的佼佼者"这种形容无论如何也不能算作一种好评,但后来福尔摩斯还是对他的韧性表示了称赞,而雷斯垂德也凭借福尔摩斯的帮助和自己的努力在苏格兰场中步步高升。

此外,福尔摩斯和华生的房东兼厨师哈德森太太也是福尔摩斯和华生乐于倚仗的一位朋友。虽说福尔摩斯的工作和生活让她吃了不少苦头,但哈德森太太非常敬畏他,也很喜欢他(当然,福尔摩斯付的高额房租也是一个重要原因)。哈德森太太没有卷入任何一起案件中,这一点显得有些不可思议,但她曾帮助福尔摩斯抓住了一个恐怖分子塞巴斯蒂安·莫兰上校(《空屋》)。显然,在福尔摩斯的心目中,哈德森太太也是一位非常可靠的人。

相比于福尔摩斯的朋友们,福尔摩斯迷对他的死对头莫里亚蒂更加津津乐道。莫里亚蒂曾经是一位大学教授,后来被迫离开大学来到伦敦,想当一位军事教员。

能成为福尔摩斯的死对头,莫里亚蒂这个人物的智慧和能量自然不凡。在《最后一案》中,福尔摩斯说他智力超群,"家庭出身好,也受过极好的教育,在数学方面有非凡的天赋",但是"他遗传了极为凶残的本性,他血液中流淌着的犯罪根源非但没有减弱,反而借助他超人的智能进一步得到增强,而且变得极度危险","伦敦城中有一半犯罪活动都是由他组织的,而几乎所有没被侦破的案件都和他有关"。他的势力遍及整个伦敦,"像一只蜘蛛蛰伏于蛛网的中心,可是蛛网有千百根放射线,他能感觉到每一根线的轻微颤动"。"他很少亲自出马,只是对行动进行策划。他手下人数众多,而且组织严密",所以他虽然操纵了很多犯罪活动,却从来没有人听说过他(作者似乎是在努力解释为什么在之前发表的故事中从未提及这个人物)。

福尔摩斯用尽才智,才抓住了莫里亚蒂教授的一丝破绽,并从这里撕开了一个口子,可就在他要击溃莫里亚蒂教授犯罪组织的时候,教授却找上门来,向他宣战。福尔摩斯为了躲避他的追杀,和华生从伦敦出发,横穿英国,然后登上欧洲大陆,到达布鲁塞尔,后经荷兰来到了瑞士的莱辛巴赫瀑布。随后,华生中了莫里亚蒂的"调虎离山"之计,离开了瀑布,福尔摩斯和莫里亚蒂教授经过一番打斗之后,一起掉下了瀑布,而引起巨大轰动的福尔摩斯探案故事至此告一段落。

莫里亚蒂教授之所以被创作出来,背后的原因令人啼笑皆非。福尔摩斯的故事虽然大受欢迎,也为作者柯南·道尔带来了丰厚的收入,但柯南·道尔却对这个题材越来越感到厌烦,于是他构思了《最后一案》,塑造了莫里亚蒂教授这样一个人物,让他和福尔摩斯同归于尽。

莫里亚蒂教授这样一个能让福尔摩斯穷尽心力对付的人物就此终结,不能不令读者感到意犹未尽。在柯南·道尔重新提笔创作福尔摩斯之后,莫里亚蒂教授又在故事中被提到了几次,但再没有出场过。在《恐怖谷》中,莫里亚蒂教授虽未出场,但读者时刻能够感受到他隐藏在背景中的强大力量。

华生和柯南·道尔

华生,全名约翰·H.华生,伦敦大学医学博士,诺森伯兰第五明火枪团前军医助理,福尔摩斯最忠实的搭档和朋友,福尔摩斯传奇故事的记录者。

华生对于福尔摩斯来说,是一个非常重要的人,福尔摩斯把他比作英国作家塞缪尔·约翰生的得力助手詹姆斯·博斯韦尔,他曾表示,"要是没有我自己的博斯韦尔,我将不知所措"(《波希米亚丑闻》)。

其实,与其说福尔摩斯需要华生这样一个人物帮他破案,不如说柯南·道尔需要这样一个人来帮他讲故事。当华生以"我"的口吻对福尔摩斯的历险娓娓道来时,我们也会不自觉地产生一种身临其境的感觉,好像自己就站在福尔摩斯的身旁,近距离地观察着福尔摩斯的一举一动。

这种写作方法并非柯南·道尔首创。美国作家埃德加·爱伦·坡在创作历史上第一部侦探推理小说《莫格街谋杀案》的时候,就使用了这种方法,只不过《莫格街谋杀案》中的侦探和助手的形象与性格都十分单薄。

相比于《莫格街谋杀案》中的杜平和"我",福尔摩斯和华生的形象丰满了很多,他们的性格更加突出,生活经历也随着故事的发展一点一滴地被披露出来。

福尔摩斯拿出表看时间,准备带华生去第欧根尼俱乐部看他的哥哥迈克罗夫特(《希腊译员》)的插图

关于华生的形象,雷斯垂德称其"中等身材,身体壮实,方下巴,粗脖子,有络腮胡子"(《米尔沃顿》)。在后来的影视剧和动漫中,华生的形象基本都符合这样的描述。在《退休的颜料商》中,福尔摩斯曾对华生说:"凭着你天生的优越条件,所有的女人都会成为你的帮手和参谋。"看来,华生医生应该是个很英俊的男子。他的身体素质也不错,他说人们

都叫他飞毛腿(《巴斯克维尔的猎犬》),还曾经是布莱克希斯橄榄球队的队员(《吸血鬼》)。虽然在《血字的研究》中,华生说自己在阿富汗受过伤,回到伦敦的时候"健康已是糟糕透了",但后来他能陪着福尔摩斯出生入死,显然恢复得不错。

华生是全书中出场最早的人物,为了解释他为什么会和福尔摩斯合租,他先介绍了自己的经历与背景。

华生的出身并不简单,他是伦敦大学的医学博士,取得学位后进修了军医课程,然后就参了军,并被派往阿富汗。在那里,他所属的部队参加了第二次英国-阿富汗战争,他在迈万德之战(这场战役是历史上真实发生过的,最后英国军队以惨败收场)中受了伤,肩骨被捷则尔步枪(一种阿富汗枪)发射的子弹打碎,锁骨下面的动脉也被擦伤了。他因此只能被送到后方医院,养伤期间又不幸感染了伤寒,无法继续随军工作,只能被送回英国。在海上漂流了一个月后,他终于在朴次茅斯登岸。

可见,在遇到福尔摩斯之前,华生的经历岂止是不顺,简直可以用"悲惨"来形容。华生在意志最消沉的时候遇到了福尔摩斯,并由此走进了奇妙的侦探世界。

和福尔摩斯的理智、冷漠相比,华生显得感性十足,热情又有活力。他喜欢冒险,热衷于赌马(《肖斯科姆别墅》),爱打台球,还考虑过在南非投资开矿(《跳舞的小人》)。在《四签名》中,案件的委托人是梅丽·摩斯坦小姐,华生看到她的第一眼就觉得她很美丽(可能这就是所谓的一见钟情)。随着交往的深入,华生更是无法自拔地爱上了她,甚至在梦中见到她对自己微笑。但他没有马上向摩斯坦小姐表露自己的感情,一方面是因为案件还没有解决,另一方面是因为被"财富堵住了嘴"。后来,在宝物被凶手扔到河里之后,华生终于有勇气向摩斯坦小姐表白,从而赢得了对方的爱情,摩斯坦小姐变成了华生夫人。看,华生是一个多么渴望纯洁爱情,不希望爱情被金钱玷污的人啊!

一开始,福尔摩斯和华生的关系十分疏远,华生最多只能跟在福尔摩斯身后充当他的跟班。两个人之间也时常产生一些矛盾,华生因为轻视福尔摩斯的探案方法而惹得他不高兴,福尔摩斯也因为对华生的心情不够体谅而让华生大受刺激。但是后来,两人交往得越来越深,渐渐无话不谈,福尔摩斯甚至很少见地给华生介绍了自己的身世,在他面前回忆起自己上学时的密友,还把哥哥介绍给他认识(《马斯格雷夫礼典》《格洛里亚斯科特号三桅帆船》《希腊译员》)。而华生对于福尔摩斯也越来越重要:福尔摩斯在工作中分身乏术的时候,会安排他代替自己去做一些侦探的工作(《巴斯克维尔的猎犬》);当福尔摩斯被莫里亚蒂教授追杀,以及他重返伦敦,计划抓捕莫兰上校时,他能想到的第一个帮手就是华生(《最后一案》《空屋》)。华生本人既重视家庭,也重视友情,他在结婚之后搬离了贝克街221B,还有了自己的事业,开了一家私人诊所。诊所的生意相当好,按照福尔摩斯的观察,上门问诊的病人把华生诊所门口的台阶都磨薄了3英寸(《证券经纪人的书记员》)。可每当福尔摩斯找上门来请他帮忙,他二话不说,立刻抛下眼前的事业跟他出去冒险——不管案件有多么凶险。对于这份情谊,华生的妻子十分理解(《博斯科姆比溪谷案》)。

两个人的友情在《最后一案》中体现得淋漓尽致。为了躲避凶恶的莫里亚蒂教授,两个人一起横穿英国,最后直达瑞士。一路上,华生都没有任何怨言,始终关心着福尔摩斯的安危,而在莱辛巴赫瀑布,福尔摩斯眼看逃生无望,为了不连累华生,在明知道他们接到的信件是"调虎离山"之计的情况下,还是让华生离开险地,留下自己一人和莫里亚蒂教授决斗。多年之后的第一次世界大战前夕,已经退休的福尔摩斯再度出山抓捕间谍,这个时候,他能想到的帮手还是华生(《最后致意》)。

华生对福尔摩斯帮助良多,福尔摩斯说他"习惯于过低估计自己的能力","本身并不能发光,但是,你是光明的传导者","本身不是天才,可是有着可观的激发天才的力量"(《巴斯克维尔的猎犬》)。华生的创作也对福尔摩斯帮助不小,迈克罗夫特就夸赞过华生,"自从你为歇洛克作传后,他名声大振"(《希腊译员》)。两个人初遇之时,福尔摩斯还在为经济上的拮据感到困扰,他一个人租不起伦敦的房子,所以不得不选择和华生合租,但到了后来,福尔摩斯收入颇丰,华生说,"和福尔摩斯在一起住的那几年,他所付的租金足可以买下这座住宅了"(《奄奄一息的侦探》)。福尔摩斯收入的增加,显然是因为上门求助的委托人越来越多,看来华生作品的宣传作用相当大啊!

60篇福尔摩斯小说中有56篇都是以华生的口吻讲述的(只有《狮鬃毛》和《皮肤变白的军人》是以福尔摩斯的口吻讲述的,《王冠宝石案》和《最后致意》是站在第三者的角度讲述的),所以很多读者会觉得华生是小说的作者,但实际上,福尔摩斯故事真正的作者是阿瑟·柯南·道尔爵士。

柯南·道尔出生于苏格兰爱丁堡,他的祖父约翰·道尔是一位著名的油画家兼讽刺漫画家,他的父亲查尔斯·埃特蒙·道尔在政府部门工作,也能绘画,但嗜酒如命,严重的酒精中毒使他无法尽到父亲和丈夫的责任,甚至罹患了精神疾病(他酒瘾上来,连家里用来刷家具的油漆都能喝下去)。这样一

柯南·道尔

来,养育柯南·道尔和他的兄弟姐妹的重担就落在了他们的母亲身上。

柯南·道尔一生经历丰富,充满传奇色彩。他很小的时候就表现出了极佳的讲故事天赋,6岁时就写下了自己的第一个故事。9岁时,他被送到一所天主教学校学习,学校里刻板严苛的学习方式及态度让他产生了强烈的逆反心理,等他离开学校的时候,他已经变成一名不可知论者。

后来,柯南·道尔进入爱丁堡大学学习医学,并获得了医学学士和外科硕士学位。在大学里他遇到了喜欢恶作剧的约瑟夫·贝尔教授。贝尔教授善于通过病人的衣着外貌和行为举止推断出他的身份、职业、既往病史等种种信息(虽然他也有"砸锅"的时候),给柯南·道尔留下了深刻的印象。后来,柯南·道尔以贝尔教授为原型创作出了福尔摩斯这个人物。

大学期间,柯南·道尔做过几个月的随船医生,跟随一条捕鲸船去了趟北极,冒险之余还小赚了一笔。毕业后,他又作为随船人员去了趟非洲,结果在途中大病一场,差点死在海上,而非洲炎热的气候和死气沉沉的环境让他非常不适,回来后他就再也不肯出海,转而成了一名坐堂大夫。

柯南·道尔先是在英格兰朴次茅斯的南海城开了一家诊所,但登门问诊的病人很少。虽然这令柯南·道尔囊中羞涩,但也给了他大量的时间胡思乱想。他开始进行小说创作,并四处投稿。1886年,他创作了第一个福尔摩斯故事——《血字的研究》。柯南·道尔撰写这部小说只用了6个星期,但发表却用了一年多。这部小说在投稿的过程中,就像同时期柯南·道尔的其他大部分作品一样一再碰壁。当时的小说一般是先在杂志上连载,完结之后再结集成书出版。杂志编辑们拒绝柯南·道尔的原因五花八门,有的看都没看就把稿件退回来了(这些人显然缺乏慧眼),有的则认为这个故事的长度很尴尬,既没长到能多期连载,也没短到能一期刊完(这倒是个很现实的理由)。尽管如此,柯南·道尔并没有放弃投稿。最终,这部小说的版权被沃德·洛克出版社以25英镑的价格买断（被归到了"廉价小说"里），并发表在1887年的《比顿圣诞年刊》上。柯南·道尔后来在其自传里抱怨过稿酬太少，但在当时这等机会也来之不易。多亏了出版社主编的妻子慧眼识珠，她很喜欢这个故事，亲自跑到办公室告诉自己的丈夫这部作品很棒，这才促成小说的发表。

这一期《比顿圣诞年刊》很快就销售一空，但《血字的研究》似乎没有引起太大反响，柯南·道尔也没再关注这个题材。他认为自己应该创作更有格调、更上档次的小说，于是便投身于历史小说的创作中去了。

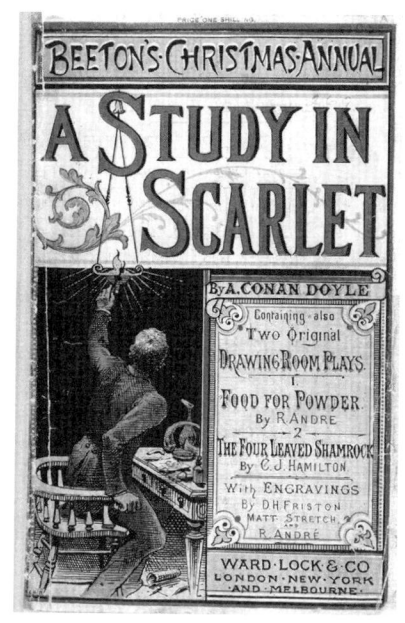

首次登载《血字的研究》的《比顿圣诞年刊》封面

好在墙里开花墙外香，《血字的研究》传到美国，吸引了一些读者。到了1890年，美国《利平科特月刊》找到柯南·道尔，希望他继续写福尔摩斯的故事。这次，他创作了关于福尔摩斯的第二部作品——《四签名》。虽然这次出版商开出的条件比上次优厚一些，但作品的反响和上次差不多，仍然没有激起太大的波澜。

与此同时，柯南·道尔作为医生的职业生涯依旧黯淡无光。他选择去维也纳进修眼科，以图开辟另一条挣钱的门路。学成之后，他回到英国，这次他去了伦敦，在那里开了一家眼科诊所。（在这之前，他一次都没有去过伦敦，《血字的研究》和《四签名》中关于伦敦的描述完全是他对着地图自己在脑子里想象出来的。）

这次，柯南·道尔的诊所生意更加惨淡，开业一个月，连一个上门的病人都没有。这倒是让他有了更多胡思乱想的时间。在此期间，他创作了《波希米亚丑闻》和《红发会》，并把这两部短篇小说寄给了《海滨》杂志。结果这一次，编辑对他的作品表现出了极大的兴趣，为这两篇小说开出了高价，还预订了之后的四部小说，虽然当时这四部小说还一点儿影子都没有呢。就在即将时来运转之际，命运多舛的柯南·道尔在一场大流感中病倒，几乎丧命，他好不容易脱离了鬼门关，也想明白了一件事——他不适合行医，写小说倒是能让他挣大钱。于是，病好之后，他关掉了诊所，开始专职写作，自此写出了一部又一部脍炙人口的福尔摩斯故事。

然而，就在福尔摩斯名望越来越大，柯南·道尔收入越来越高的时候，一件令人大跌眼镜的事情发生了。柯南·道尔渐渐厌倦了这个题材，也讨厌自己创作出来的这个伟大形象，他不停地抱怨福尔摩斯阻碍了他创作更伟大作品，还在给母亲的信中信誓旦旦地说要杀掉这个人物。

柯南·道尔的母亲强烈反对他的这个念头，却依然没能阻止住儿子的"肆意妄为"。在《最后一案》中，柯南·道尔毫无预兆地创造了莫里亚蒂这样一个人物，任性地让他和福尔摩斯同归于尽，死得一点儿说服力都没有。

福尔摩斯的死立刻激起了轩然大波，读者纷纷抗议，杂志的编辑也好说歹说，柯南·道尔才在时隔8年之后（1901年）重新提笔，写下了《巴斯克维尔的猎犬》。这个故事虽然发生在《最后一案》之前，却也让人们重燃福尔摩斯复活的希望。到了1903年，柯南·道尔写出了《空屋》，虽然这个故事和《最后一案》一样拧巴，却正式宣告了福尔摩斯重新回到人间。这让杂志的编辑们松了一口气，更让读者们欣喜若狂。

这并不是柯南·道尔一生中唯一一次任性，事实上，他一直是个我行我素的人，以至于有人这样评价：

> 他是一位有着孩童心的巨人。
>
> ——灵异调查员哈利·普赖斯

在这里之所以要引用一位灵异调查员的话,同柯南·道尔晚年的生活经历有关。柯南·道尔的作品中充满了科学和逻辑,他在教会学校的经历让他非常反感宗教,如果不了解他后来的生活轨迹,谁都会觉得他应该是一位无神论者,一位唯物论者,一位有着先进科学思想的人。可到了晚年,他却开始信奉唯灵论和通灵术了。为了信仰,柯南·道尔甚至与他最好的朋友魔术师哈里·胡迪尼决裂。

有些时候,柯南·道尔的任性和率真却又让人感叹和敬佩。

柯南·道尔和他笔下的福尔摩斯一样是个爱国者。1899年,他40岁,英国人和南非当地的布尔人之间爆发了第二次布尔战争。第二年,柯南·道尔不顾家人反对,报名参军,来到南非成了一名军医。他在南非待了5个月,每天要救治从前线送来的各种重伤员,中间还经历了一次大瘟疫。回到英国后,他写了一本小册子,为战争中的英国和英国军队辩护。柯南·道尔无条件地维护英国的声誉并非出于个人目的——1902年,英国皇室准备为柯南·道尔封爵,但柯南·道尔听说这次封爵可能是为了表彰他对这场战争的宣传活动,他就打算拒绝,理由是不想让自己为国家做的事情受到玷污。

第一次世界大战爆发之后,柯南·道尔再次行动起来,他组织民间自卫队,时年55岁的他依然抱有参军的打算,最终结果当然是未能如愿,但后来他还是找到机会上了前线,这次他的身份是战地记者。此外,他还为军队提建议,希望给士兵配备充气救生衣领,并将救生艇从木制改成充气橡皮艇。这两条建议都被采纳了,从而救了很多海军士兵的命。

柯南·道尔是一位高产作家,除了侦探小说,他还写了不少科幻小说、冒险小说、历史小说,以及纪实文学和戏剧剧本。他的科幻小说中最著名的一部是《失落的世界》。这部小说讲述了这样一个故事：一支探险队在乔治·查林杰教授的带领下进入南美洲的一个高原，在那里他们发现了大量包括恐龙在内的史前生物。这部小说的知名度一点儿不输于福尔摩斯的故事，它也启发后来者继续创作和恐龙有关的科幻作品。《侏罗纪公园》的作者麦克尔·克莱顿就是受到了这部小说的启发，他甚至把《侏罗纪公园》的第二部也命名为《失落的世界》。

柯南·道尔还创作过一个著名的形象——杰拉德准将，这是一个爱吹牛、爱胡闹、运气又特别好的人物，有趣且讨人喜欢，总是能从危险的战场中逃脱。杰拉德准将和查林杰教授是柯南·道尔笔下仅次于福尔摩斯的两个著名人物形象，只是福尔摩斯的光芒太过耀眼，以至于他们常常会被忽视。

假如我们把华生和柯南·道尔两人的经历做个比较，就会发现他们之间有一些相似之处。除了两人都是福尔摩斯故事的"作者"外，他们的本业也一样：华生是外科医生，柯南·道尔也是外科医生出身，只是后来转为眼科医生；华生当过军医，柯南·道尔也当过军医；华生开过诊所，柯南·道尔也开过诊所。不同的是，华生通过开诊所赚了很多钱，柯南·道尔则光赔钱了。

在其他方面，华生和柯南·道尔也有相似之处。华生身体健壮，年轻时是橄榄球队的队员，还被人称为飞毛腿。柯南·道尔的身体素质也相当棒，年轻时也是橄榄球运动员，在爱丁堡大学校队打前锋，还善于拳击，曾在去北极的途中不费吹灰之力便打翻了船上最爱打架的水手。柯南·道尔时常参加板球赛，热衷于滑雪运动，他是第一批学习滑雪的人，并把滑雪胜地达沃斯（就是达沃斯论坛的首次举办地，也是《最后一案》中华生被莫里亚蒂教授骗去的地方）推介给全世界。为了感谢他，当地居民在滑雪场附近为他挂起一块纪念铭牌。

华生温柔多情，柯南·道尔也感情丰富。他和母亲的感情很好，给母亲写了很多信件,不管他周围发生了什么,他都要事无巨细地写进信中告诉母亲。他的父亲虽然在家庭生活中常常缺席,但柯南·道尔仍然惦记着他,他推荐父亲为自己的小说画插画,希望通过这种方式帮助父亲实现自我价值。然而遗憾的是,因为酒精的毒害,他的父亲所画的6幅插画并不能令人满意。柯南·道尔的第一任妻子路易莎患上了肺结核,这在当时是不治之症。柯南·道尔尽心竭力地照顾她,长时间地坐在她的病床边,把自己的最新作品念给她听。他也从不吝惜对第二任妻子珍表达爱意,只要一分开,他就会给妻子写一封情意绵绵的短信,有时一天要写两封。

柯南·道尔夫妇在伦敦南诺伍德的家外骑着三轮车。1891—1894年,他们一直在此处居住。图中的女子是柯南·道尔的第一任妻子路易莎

而在探寻真相方面,柯南·道尔又和福尔摩斯很相似。1906年,一位叫乔治·伊达尔吉的律师找到柯南·道尔寻求帮助,希望他能帮自己申雪冤屈。原来,他曾被控虐杀动物,并被关押了3年。柯南·道尔依靠自己的眼科知识及对现场的研究(和福尔摩斯的方法极其相似),最终使伊达尔吉上诉成功,被判无罪(这件事并没有止步于此,在案件结束之后的1907年,英国建立了刑事上诉法庭。可以说,柯南·道尔间接推动了建立一套有效的申诉机制)。1912年,柯南·道尔开始帮助一位犹太人奥斯卡·斯莱特洗刷冤屈,斯莱特被控于1908年谋杀了一位富有的老太太。柯南·道尔经过仔细分析和推理,认为斯莱特不是凶手,还把调查结论写成一本小册子出版,但并没有改变官方的裁决。后来,斯莱特糊里糊涂地被释放,柯南·道尔尽全力帮他

柯南·道尔的墓碑

上诉,使得官方终于改判斯莱特无罪,还赔偿了6000英镑。

1927年,最后一篇福尔摩斯故事《肖斯科姆别墅案》分别在英国的《海滨》杂志和美国的《自由》杂志上发表。1930年7月7日,柯南·道尔在卧室窗前的一把靠椅上溘然长逝,他的妻子珍和3个孩子陪伴在他身旁。他的墓志铭是:

Steel True, Blade Straight.

(真如铁,直如剑。)

福尔摩斯的时代

福尔摩斯故事创作和发表于1886—1927年,这41年跨越了维多利亚女王、爱德华七世、乔治五世三位国王的统治时期,正处于英国和欧洲其他国家飞速发展的时期,也是世界风云激荡的时期,用大文豪查尔斯·狄更斯的一句名言来评价这个时代再合适不过了:

这是一个最好的时代,也是一个最坏的时代。

——《双城记》

在这段时期,整个欧洲刚刚完成了文艺复兴和启蒙运动,正在经历工业革命。

文艺复兴是欧洲历史上一次重要的思想文化运动,在经历了压抑黑暗的中世纪后,人们开始追求个性的解放。相对于宗教和神,人们更加关注人本身,人文主义是这场运动的核心。这个时期出现了威廉·莎士比亚、但丁·

阿利吉耶里、乔万尼·薄伽丘、塞万提斯·萨维德拉等一大批著名作家,以及达·芬奇、米开朗琪罗·博那罗蒂、提香·韦切利奥等多位著名画家。

莎士比亚是英国历史上最重要的一位作家,开创了英国文学和世界文学的新时代,他不仅为世人留下了大量包括《哈姆雷特》《仲夏夜之梦》《威尼斯商人》在内的剧作和诗歌,还极大地丰富了英语,留下了很多成语和格言。他的作品脱离了原有的桎梏,不再严格遵守"三一律",也不再使用当时剧本中常见的那种呆板、干涩的语言,而是坚持现实主义和浪漫主义原则,追求自然的风格,塑造有个性的角色,具有强烈的感情色彩和生动鲜明的性格特征,形成了自己独特的风格,并为后来的作家们树起了一面旗帜。

文艺复兴之后,欧洲又兴起了一场反封建和反教会的思想文化解放运动——启蒙运动,进一步掀起了一场席卷欧洲的革命。英国内战和光荣革命建立了君主立宪制,法国大革命确立了共和体制,皇权和神权被推翻,资产阶级开始登上政治舞台,人性被进一步解放。而在千里之外的美洲,则爆发了独立战争,一个全新的国家——美利坚合众国诞生了。

思想的解放带来了革命,而革命更加促进了思想的解放,这使得此时期的人文艺术水平达到了前所未有的高度。所以,我们在福尔摩斯的故事里可以看到:旧的贵族阶层的影响力逐渐褪去,尽管旧贵族们仍然努力保持自己的尊荣,却越来越不被社会认可(《波希米亚丑闻》);女性越来越独立,并有令男性刮目相看的能力(《波希米亚丑闻》);不思进取的守财奴仍然是被嘲笑的对象(《红发会》);努力工作的底层人民因为淳朴、诚实、不贪婪而受到赞扬(《鹅肚里的宝石》);殖民地的人们富有冒险精神和生活热情,对荒谬的恐怖传说毫不畏惧,热切地追求爱情,并且对古板的贵族礼仪不屑一顾(《巴斯克维尔的猎犬》)。

第一次工业革命则是一场科学技术的进步,以蒸汽机的广泛使用为标志，人们获得了新的动力，机械生产开始代替手工生产，工厂开始代替作坊，人类进入了工业社会。

蒸汽机的使用领域很广，一方面作为工业生产的动力源，可以用来驱动纺纱机、面粉机、抽水机等生产设备，另一方面，蒸汽机也被用于交通运输领域。1807年，美国工程师罗伯特·富尔顿造出的第一台蒸汽轮船"克莱蒙号"在美国纽约的哈得孙河上试航成功。1825年，英国工程师乔治·史蒂芬孙发明的蒸汽机车"旅行者号"在英国试车成功。这些发明都带给人们极大的便利，从此，海上和陆上运输的时间大大缩短，运能也大大提高了。但是，马车仍然是短途交通的主要工具，所以我们在福尔摩斯的故事里可以看到，福尔摩斯和华生如果在伦敦城里办案通常会乘马车（当时伦敦城里有大量的出租马车，就像今天我们乘坐出租车一样方便），如果他们去很远的地方则会乘坐火车。在《四签名》里，福尔摩斯乘坐蒸汽轮船在泰晤士河上追逐罪犯的场景，很有点儿生死时速的味道。

时代并没有就此停止下来，科技仍然在进步。19世纪，德国工程师卡尔·弗里特立奇·本茨（奔驰汽车的创始人）等人设计出了内燃机。1885年，本茨发明的以内燃机为动力的汽车试车成功。1886年1月29日，本茨获得世界上第一辆三轮汽车的专利权，这一天被定为"世界汽车日"，本茨也被称为"汽车之父"。从此，汽车成为新兴的交通运输工具。

汽车开始流行，柯南·道尔自然也不甘落后，他是英国第一批汽车驾驶员。1903年，他就买了一辆沃尔斯利牌汽车。1905年，他参加了一次汽车比赛，还得了第一名。之后，他多次参加汽车比赛，最有影响力的一次比赛是1911年的亨利王子杯汽车拉力赛。他酷爱飙车，吃过超速罚单，还出过车祸。福尔摩斯和华生托他的福坐上了汽车。在《最后致意》里，华生开车，福尔摩斯作乘客，两个人不用再乘坐颠簸的马车了（当时福尔摩斯已经退休,华生应该大约也有60岁了)。

除了汽车之外,柯南·道尔还有一辆摩托车。而且,他对飞行也很感兴趣,曾在1902年乘坐过一次热气球。飞行可是那个时代被人们实现的梦想之一,1903年12月,美国的威尔伯·莱特和奥维尔·莱特兄弟试制出飞机,并试飞成功。

民用电的发明是这个时期的另一项伟大创举。1831年,英国物理学家迈克尔·法拉第发现了电磁感应现象。美国人萨缪尔·摩尔斯在1838年为他发明的电报提交了专利申请,并于1844年拍发出了人类历史上第一封电报。1866年,德国人维尔玛·冯·西门子研制出发电机。1876年,美国发明家亚历山大·贝尔发明了电话。托马斯·阿尔瓦·爱迪生在1877年发明了留声机,并于1879年发明了白炽灯泡。所以,在福尔摩斯的故事里我们可以看到,葛莱森在《血字的研究》里会不嫌麻烦地派遣一名警员给福尔摩斯送信来传递信息,但在同一个案子里他也使用电报和美国的克利夫兰联系。到了《四签名》中,福尔摩斯就开始使用电话了,再后来,连贝克街221B也安装了电话,桌上还摆了一本电话簿。在《六座拿破仑半身像》《三个大学生》等多个故事中都提到了当时人们已开始使用电灯了,但在当时,用电其实还是一件很奢侈的事情,在伦敦的街上、房间里,人们手中拿着的灯基本都是煤气灯。

交流电的发明让电能可以传送到更远的地方,电的造价也大幅度降低了。这是爱迪生非常不愿意看到的事情,因此他竭尽所能地诋毁交流电,甚至让人大做特做用交流电电死动物的实验,以证明交流电的危险性。这是爱迪生一生中最大的污点,而且以失败告终。1891年,塞尔维亚裔美国发明家尼古拉·特斯拉(特斯拉汽车就是以他的姓氏命名的)取得了高频交流发电机的专利。1893年,美国和加拿大交界处的尼亚加拉大瀑布开始兴建历史上第一个交流电发电站，1895年这个发电站开始发电，1896年由它发出的电照亮了35千米外的纽约州布法罗市。1897年，该发电站已完全建成，发电功率达到10万马力（约等于7.4万千瓦）。在此之后，尼亚加拉大瀑布上又建起了十余座发电站，为美国的纽约州和加拿大的安大略省供电，它们历经百年，到今天依然运转良好。

技术发展的同时，科学也在发展。自然科学的基础学科都已经成型，数学发展得最早，也最成熟。在福尔摩斯的故事里，我们可以看到学校里已经有了专职的数学老师（《狮鬃毛》），大学里也开展了数学研究。福尔摩斯的死对头莫里亚蒂教授就是一位数学家，他21岁时就写过一篇有关二项式定理的论文，并靠这篇论文获得了数学教授的职位（《最后一案》），还写过一本名为《小行星力学》的专著，这部看上去像是天文学著作的书却把纯粹数学提高到了一个前所未有的高度（《恐怖谷》）。在现实中，艾萨克·牛顿和戈特弗里德·威廉·莱布尼茨已创立了微积分；克里斯蒂安·哥德巴赫在1742年6月7日写给莱昂哈德·欧拉的信中提出了哥德巴赫猜想；约翰·卡尔·弗里德里希·高斯在1801年发表了《算术研究》，让数论获得了系统发展；高斯、亚诺什·波尔约和尼古拉斯·伊万诺维奇·罗巴切夫斯基共同发明了非欧几里得几何学；波恩哈德·黎曼则继续发展罗巴切夫斯基等人的理论，创立了黎曼几何学，他还提出了著名的黎曼猜想等。

19世纪宏观物理学的理论已经发展完备，天文学家利用望远镜、牛顿力学和数学进行天体研究，计算天体的重量、距离和速度。1846年，法国天文学家奥本·尚·约瑟夫·勒维耶计算出了海王星的轨道，德国天文学家约翰·格弗里恩·伽勒根据他的计算，用了不到一个小时就找到了这颗行星，误差不超过1度，所以海王星又被称为"笔尖上的星"。至于福尔摩斯，虽然华生一开始说他一点儿也不懂天文学，却不妨碍他在《希腊译员》中大谈黄赤交角(地球公转轨道面——黄道面和地球赤道面之间的夹角)变化的原因。显然,当时的人们也热衷于谈论天文学的相关知识。

化学在氧化学说出现后走上了正确的轨道。氧气的发现让人们能够认识到物质是由原子和分子组成的,俄国化学家德米特里·伊万诺维奇·门捷列夫提出了元素周期律,并据此预见了一些还未被发现的元素。有机化学的出现是这个时期的一件大事,德国化学家弗里德里希·维勒用氰酸铵合成了尿素,这是人类第一次用无机物制备出有机物,证明有机物并非人们之前所认为的是一种"有生命"的物质,同时还证明了同分异构体的存在。福尔摩斯是一位卓越的有机化学家,他从大学时代就开始进行有机化学的研究(《格洛里斯科特号三桅帆船》),在贝克街221B有自己的化学实验桌(《空屋》),还发明了一种测试血迹的化学方法(《血字的研究》)。

这个时期科考探险在欧洲兴起,并直接推动了地质学的发展。地质学的研究,一方面关注地球的内部结构和各种地质形态在地球上的分布,另一方面关注地球产生和发展变化的历史。地质学的发展使得福尔摩斯故事里根据一个人裤腿上沾的泥点判断他曾经去过哪里成为可能,这不光令福尔摩斯的故事更加引人入胜,也直接推动了法证学的建立。

显微镜的发明让生物学家们得以近距离地观察动植物的内部,细胞学说的建立为生物学的研究指明了方向,对中世纪黑死病心有余悸的欧洲人开始研究传染病。法国微生物学家路易斯·巴斯德开创了微生物学,并推动了细菌学和免疫学的发展,他发明的"巴氏消毒法"直到今天还在使用。福尔摩斯的故事中,有一篇是以传染病为主题的,这也体现了柯南·道尔作为一名医生的基本专业素养(《奄奄一息的侦探》)。

然而,当时科技的发展带来的不只是经济的繁荣,还有"羊吃人"的圈地运动、对劳动者五花八门的剥削手段、无休止的海外扩张和接连不断的战争。

资本为了追逐利润，无所不用其极，所以卡尔·马克思说：

　　资本来到世间，每个毛孔都滴着血和肮脏的东西。

——《资本论》

　　当时的社会，上层越来越辉煌的同时，底层也越来越黑暗。圈地运动把农民从土地上赶走，失地农民为了谋生，只能来到城市，进入工厂，在没有任何劳动保护的情况下进行生产，工作时间极长，工伤事故率和职业病发病率极高。在面粉厂工作的人都会患尘肺病，在火柴厂工作的人则都有磷中毒的症状，至于不慎被机器轧断手指或造成其他残疾的事情更是比比皆是。资本家们甚至不愿意为了抢救受伤的工人把机器停下，因为那样会损失金钱。当时的社会，对女性和儿童的压榨比对男性更甚。女性和儿童的工资不到男性的一半，却要完成和男性一样的工作任务。儿童因为身材矮小，还会被派去做清扫烟囱和大炮炮管的工作。女性和儿童在工作中面临的风险也比男性更多且更严重。底层的人民只能往更底层滑去，没有一丁点儿上升的可能。

　　在这样一个人文主义和现实主义气息愈加浓厚的时代，敏感的作家不可能忽视底层的贫民。法国作家维克托·雨果创作的《悲惨世界》和《巴黎圣母院》就深刻地描写了法国社会中底层人民的绝望和反抗。美国的斯托夫人（哈里特·伊丽莎白·比彻·斯托）创作的《汤姆叔叔的小屋》描写黑人的悲惨遭遇，成了南北战争的诱因之一，她甚至被亚伯拉罕·林肯总统戏称为"引发了一场大战的小妇人"。英国作家查尔斯·狄更斯则创作了大量反映伦敦底层社会的批判现实主义作品，《雾都孤儿》是他的代表作之一，小说描述了一个伦敦孤儿奥利弗的经历，真实地反映了底层的黑暗和悲惨。福尔摩斯的故事里也有一群孤儿，这些孩子经历如何，我们无从得知，只知道他们被福尔摩斯组织起来，帮助他打探伦敦地下社会的情报，他们就是著名的贝克街小分队。虽然这种描写冲淡了悲惨的气氛,让作品不如《雾都孤儿》那样深刻,但是我们也不得不承认,首先,深刻反映社会并非福尔摩斯故事的主旨;其次,福尔摩斯的做法让这些孩子有了稳定的收入,能够从一定程度上避免他们滑入更加黑暗的深渊。

贝克街小分队(《血字的研究》的插图,古德斯密特绘制)

在这样一个社会里,很多找不到出路的人不可避免地会选择犯罪作为自己的谋生之道,诸多阴谋家和罪犯可谓应运而生。莫里亚蒂教授这样一个犯罪组织的首脑,并非作家凭空生造出来的,他的原型是一个叫亚当·沃斯的美国人。沃斯智商极高、风度翩翩,在美国犯案后跑到欧洲,结果在英国建起了一个庞大的地下犯罪网络,他也确实曾被苏格兰场的侦探称为"犯罪界的拿破仑"。他会亲自动手(这一点不像莫里亚蒂),也会制定好计划交给手下去执行。有趣的是,在福尔摩斯故事中的《红发会》里,一帮劫匪从一个当铺挖地道,企图盗窃旁边的郊区银行金库,而沃斯曾经租下美国波士顿的一家理发馆,从那里挖洞进入旁边的布伊尔斯顿银行,偷了40万美元巨款。

亚当·沃斯

到了1888年,也就是《血字的研究》发表的第二年,伦敦的犯罪活动达到了顶峰,这一年伦敦出现了人类历史上最有名的连环杀手——开膛手杰克。开膛手杰克在伦敦东区的白教堂一带连续犯案,犯罪手法残忍大胆,现场惨不忍睹,谁也不知道下一个受害者是谁。他给当时的伦敦市民造成了很大的恐慌,也给英国警方很大压力,就连维多利亚女王都亲自过问了这起案件。他甚至敢给报社写信(在信中他署名"开膛手杰克"),给当地的民间治安负责人邮寄从受害者身上割下的器官,其大胆猖狂,更令人不寒而栗。侦破的过程中,福尔摩斯的原型约瑟夫·贝尔教授受警方邀请,为破案提供建议,柯南·道尔也做出了自己的猜测(他觉得杰克应该是一名女性)。

然而,眼看着谋杀案一件接着一件发生,警方的侦破工作却毫无进展。到了1888年11月,杰克在犯下最后一起案件后,忽然销声匿迹,警方在此之后又徒劳无功地追踪了他几年,最后在1892年宣布停止侦办此案。虽然100多年来,不断有人宣称自己破解了开膛手杰克之谜,发现了杰克的真实身份,为此有人甚至动用了DNA技术,但都因为缺乏有力证据支持而不能令人信服。时至今日,杰克的身份仍然是个谜。

杰克行凶的时期,恰好也是福尔摩斯活跃的时期,虽然故事里并没有福尔摩斯和杰克交手的内容,却并不妨碍好事者们去遐想。有很多人都编了故事来绘声绘色地描述福尔摩斯如何与开膛手杰克斗智斗勇,事情的真相又是出于什么原因被掩盖了起来,就连《名侦探柯南》的创作团队都拍摄了一部有关福尔摩斯和开膛手杰克的剧场版大电影《贝克街的亡灵》。

要对付现代化的犯罪,必须有现代化的侦探队伍。1829年,伦敦警察队在英国成立,之后这支队伍被改组为伦敦警察厅,也就是大名鼎鼎的苏格兰场。这是世界上第一支现代化的警察队伍,福尔摩斯的好友葛莱森和雷斯垂德都是苏格兰场的警官。1833年,前罪犯、前警方线人、前巴黎犯罪搜查局首任局长法国人尤金·弗朗索瓦·维多克建立了全世界第一家私家侦探社，他也成了全世界第一位私家侦探。1850年，阿伦·平克顿在美国创立了世界上最著名的私家侦探社——平克顿侦探社。这家侦探社后来不断发展壮大，到19世纪90年代，他们的侦探人数达到了2000人，还雇佣过全世界第一个女性侦探和第一个黑人侦探。他们不只打击犯罪，还承担保卫重要人物和搜集军事情报的任务。他们曾经担负过林肯总统的保卫任务，在南北战争（美国历史上一场规模最大的内战）中为美利坚合众国（北军）的胜利做出了很大贡献。他们的活动范围不限于美国本土，只要是美国通缉的罪犯，他们就会在全世界范围内追踪他们。福尔摩斯的故事（《红圈会》）就曾描写过平克顿侦探社的侦探追踪从美国逃走的罪犯来到英国一事。

尤金·弗朗索瓦·维多克

这个时期也是欧美国家大肆扩张的时期，发达的航海技术使人们能够到达很远的地方，先进的武器让军队所向披靡。维多利亚女王时期，大不列颠及爱尔兰联合王国本土的面积（包括英格兰、苏格兰、威尔士、爱尔兰）约为31.5万平方千米，但它的领土面积达到了3600万平方千米，大约有90%的国土都是它在海外的殖民地，其中包括了印度、大部分东南亚国家、澳大利亚、新西兰、半个非洲。英国的领土面积如此之大，地球的24个时区上都有它的领土，因此获得了"日不落帝国"的称号，意思是无论什么时候总会有阳光照在英国的领土上。

英国对殖民地的人民进行了严苛的统治，在激起反抗之后，又进行了残酷的镇压。华生作为军医参加的迈万德之战就是第二次英国-阿富汗战争中的一场战役，这一仗以英国的惨败告终。柯南·道尔作为军医参加的第二次布尔战争则是英国和南非殖民地之间的战争,这场战争的结果是英国和布尔人都付出了极大的代价,但都无法取得胜利,他们只得举行和谈,并签订停战协议。

海外殖民地对于英国人来说,是很多个全新的世界。英国人抱着征服者的优越感和对陌生世界的好奇心观察这些地方。他们一方面认为这些地方的人是落后的、低等的、应该被奴役的,另一方面又对这些陌生地域所蕴藏的神秘力量充满恐惧。这种心态被柯南·道尔在不知不觉间写进了福尔摩斯的故事里,比如,《四签名》中能够用竹筒吹出毒针的小野人汤格,以及《带斑点的带子》中来自印度的、经过训练后能够听从指令攻击他人的剧毒蛇,都是这种心态的表征。

当时,英国的经济总量达到了全球的70%,进出口额更是其他国家总和的数倍,但这种经济的辉煌却是和无耻的鸦片贸易联系在一起的。为了扭转和中国之间的贸易逆差,英国东印度公司疯狂地向中国走私鸦片,最终导致鸦片战争爆发。鸦片战争的结果之一就是英国在中国的鸦片贸易变得合法,自此开始大约100年的时间里,中国人在西方人心目中的形象成了拖着长辫子的鸦片烟鬼。东印度公司一方面向中国猛烈倾销鸦片,另一方面严禁其雇员向英国国内销售鸦片,似乎他们也知道鸦片不是什么好东西。即便如此,在当时的英国,社会普遍认为吸食鸦片是一种恶习,但也仅仅是一种恶习,而不是违法犯罪的行为。因此,我们在福尔摩斯的故事中可以看到,伦敦有公开的鸦片烟馆(《歪唇男人》),普通人也可以轻易获得鸦片(《威斯特里亚寓所》)。

与此同时,列强之间矛盾不断。欧洲历史上本就纷争不断,只不过此时的科技进步让战争的烈度大幅度地提高了,克里米亚战争、普法战争都是这一时期规模较大的战争。一次次的战争使得列强间的矛盾愈演愈烈,最终,萨拉热窝的几声枪响过后,第一次世界大战正式拉开帷幕。

其实,在萨拉热窝遇刺的弗朗茨·斐迪南大公夫妇和行刺的加夫里洛·普林西普只是在无意间成了压垮骆驼的最后一根稻草。在此之前,欧洲局势已经非常紧张,萨拉热窝所在的巴尔干半岛是列强争夺的重点区域,素有"火药桶"的绰号,而萨拉热窝事件是引燃这个火药桶的一颗火星儿。在第一次世界大战之前,列强就已经展开了军备竞赛,各国的间谍也四处活动,刺探情报。在《布鲁斯-帕汀敦图纸案》中,英国开发出一种新型潜水艇,而德国间谍则千方百计要搞到这种潜水艇的图纸(柯南·道尔一直很关注潜水艇在现代战争中的作用,他甚至专门写过一部小说描绘潜艇在战争中的作用,遗憾的是英国军政官员对此不太热心)。在战争爆发前夕,已经退休的福尔摩斯受英国政府委托重新出山,抓住了德国间谍。在《最后致意》故事的最后,已经意识到大战一触即发的福尔摩斯对华生感叹:

> 东风就要刮起来了,在英国还从没有刮过这种风。这种风寒冷而凄厉,华生。在这阵风刮来时我们很多人可能会凋谢。但这仍是上帝的风。当风暴过去之后,一个更加洁净、更加美好、更加强大的国土将会出现在阳光之下。

第一次世界大战推动了科技和军事的进步,飞机、坦克、毒气、远程大炮作为新式武器投入战争。这场战争也导致1000多万人死亡,2000多万人受伤,柯南·道尔的大儿子和最小的弟弟,他第二任妻子的一个弟弟,以及其他几位亲人也在战争中死去。

1929年,福尔摩斯的最后一个故事发表两年后,柯南·道尔去世的前一年,从美国股市暴跌开始,经济危机爆发,大萧条来临,世界经济全面崩溃,大英帝国最辉煌的时代彻底结束了。

福尔摩斯热

如果你有机会去伦敦旅游,千万别忘了去贝克街看看,现在那里已经成了一个以福尔摩斯为主题的旅游胜地了。

如果你是坐地铁去的,那么你会在地铁站的墙壁上看到福尔摩斯的剪影。走出地铁站,迎面有一座福尔摩斯的铜像,街上到处都有福尔摩斯元素,再走500米,你会看到一座4层的小楼,这里就是福尔摩斯和华生的住处了。福尔摩斯的故事中提到,福尔摩斯和华生在1881—1902年居住于伦敦贝克街221B(在这里B代表221号的附属建筑,也有人将此地址翻译成221号乙),这条街和这栋建筑也就成了福尔摩斯迷们必去寻访的地方。现在的贝克街221B是对外开放的福尔摩斯博物馆,每天都有成百上千的福尔摩斯迷们在馆门口排队,希望进馆探寻福尔摩斯和华生留下的遗迹。他们中有些人会头戴猎鹿帽,系上大斗篷,穿上长筒靴,拿起大烟斗,扮成福尔摩斯的

英国伦敦贝克街地铁站

模样。如果你去不了这里,还可以给这里写信,运气好的话,你会收到福尔摩斯的"亲笔回信",但多数时间你只能收到博物馆负责人的回信,告诉你"福尔摩斯先生出去办案了"。

其实,早在福尔摩斯刚刚开始流行的时候,就已经有人跑到这里来探访了。由于福尔摩斯的故事过于写实,很多人都认为福尔摩斯和华生是真实存在的人物,他们侦破过的案子也都是真实事件,既然如此,他们的住处贝克街221B也一定是真实存在的。殊不知,柯南·道尔是瞎编了一个地址,贝克街倒是早就有了,但当时它只是一条长约400米的街道,并没有那么多建筑,门牌号只排到85号,根本没有221B。后来,贝克街几经改建和区划调整,到了1930年终于有了221B,当时这个地方是一家公司的办公场所。这家公司自然会经常收到世界各地福尔摩斯迷的来信。1990年,这座建筑被改建成福尔摩斯博物馆,并开门迎客。

博物馆的门口有化装成维多利亚时代女仆的工作人员,你可以在她们的指引下走进博物馆。博物馆中完全按照维多利亚时代的风格装修布置,

福尔摩斯博物馆(贝克街221B)

贝克街221B的起居室。福尔摩斯和华生在此居住时,只要不外出,大部分时间都在这里度过。他们常在温暖的壁炉边聊天或讨论案情

在福尔摩斯博物馆展出的蜡像(背手站立的是莫里亚蒂教授,旁边的场景是受到威胁的女士揭开面纱后开枪打死了敲诈自己的米尔沃顿)

一进门就是通往二楼的楼梯,你在上楼的时候记得数一下,楼梯一共有17级,同书里写的一样。走上二楼,你可以先到福尔摩斯的起居室看看,那里是书中描述过多次的地方。在那儿你可以看到福尔摩斯和华生的椅子,墙上排列成"VR"两个字母的弹洞——这是福尔摩斯的杰作,可以看到用来装烟卷的烟斗和装烟叶的波斯拖鞋,一把大折刀把信件插在壁炉台上,还有福尔摩斯那一套做化学实验的仪器及他最钟爱的小提琴,当然也少不了满地的案件资料。福尔摩斯的卧室里,则摆放着一张单人床,以及他用来存放早期案件资料的大铁皮箱子。至于华生和房东哈德森太太的卧室,都在三楼。四楼则陈列着很多蜡像,既有莫里亚蒂教授,也有"那位女士"艾琳·艾德勒。

福尔摩斯博物馆络绎不绝的游客,是福尔摩斯热的一个缩影。读者对福尔摩斯有多喜爱,连柯南·道尔自己都搞不清楚。当年他任性地让福尔摩斯掉下莱辛巴赫瀑布之后,立刻收获了无数读者的抗议,《海滨》杂志的销量一夜之间减少了20 000份;读者来信潮水般涌入编辑部,对柯南·道尔表达抗议和诅咒,或者恳请编辑不要让福尔摩斯死去;一位女性读者不顾淑女风度,大骂柯南·道尔是畜生,宣称要用手提包抽他;还有人臂缠黑纱表达对福尔摩斯的哀思。而在柯南·道尔重新提笔开始创作福尔摩斯的故事之后,《海滨》杂志的销量一下子增加了30 000份,前后加印了6次,柯南·道尔也一跃成为世界上稿酬最高的作家之一。柯南·道尔终于意识到:

> 我没理由不重新回到福尔摩斯的创作上来,况且写这类故事的收入是其他作品的三倍。
>
> ——柯南·道尔致母亲玛丽·道尔的信(写于伦敦莫利旅馆)

福尔摩斯故事除了在英国引起轰动外,还远涉重洋,被传播到了世界各个角落。由于语言相通,文化背景相近,而且当时并没有知识产权的概念,美国成了最早引进福尔摩斯故事的国家之一。在美国,福尔摩斯的故事同样大获成功。在柯南·道尔把福尔摩斯写死之后,是美国出版商极力游说他让福尔摩斯复活,继续探案的。

相对于美国人来说,法国人的态度则比较纠结。英国和法国的语言文化完全不同,两国之间的关系也很微妙。英国和法国都是当时较为强大的国家,历史上欧洲大陆战乱不断,英国和法国虽然隔着狭窄的英吉利海峡,却也免不了发生战争。这样一对老冤家,自然不能指望他们和睦相处,在不打仗的时候,他们互相看不顺眼倒是一种常态,两国民众间的互相挖苦、嘲讽也给他们的笑话库里增添了不少素材。福尔摩斯的故事自然也在法国引起了轰动,但法国人在追捧的同时,对福尔摩斯的人气多少有些"泛酸"。在这样一种情况下,法国历史上最著名的一位虚拟人物出场了,他就是亚森·罗苹(又译为罗平、罗宾,在日本被翻译成鲁邦,日本人画的鲁邦三世就是他的孙子)。

在作家莫里斯·勒布朗的笔下,罗苹上天入地,无所不能,把一些重要人物戏弄得落花流水,而福尔摩斯作为当时最著名的一位侦探,居然也逃不过他的魔掌,被他戏弄得很惨,连华生也跟着一起倒霉,这两个人被刻画得傻乎乎的,一点儿也不像让罪犯闻风丧胆的著名侦探搭档。这种写法当然引起了柯南·道尔的不满,他提出了抗议。

福尔摩斯在亚洲受到的追捧并不比在欧美少,1896年是西方侦探小说首次进入中国。这一年,中国的《时务报》开始连载《英包探勘盗密约案》,这部作品其实就是用文言文翻译的福尔摩斯小说《海军协定》,而这部小说首次发表的时间是1893年。在此之后,《时务报》又连载了3部福尔摩斯小说,它们的译者都是张坤德。在这个版本里,福尔摩斯被翻译成呵尔唔斯,华生被翻译成滑震。1901年,黄鼎和张在新把Sherlock Holmes翻译成休洛克·福而摩司，Watson翻译成华生。1903年，一位署名"警察学生"的译者把Holmes翻译成福尔摩斯。后来，福尔摩斯的故事又被多次翻译，既有文言文版本，也有白话文版本，其中最著名的两位翻译家是林纾和程小青。林纾是中国近代史上最重要的一位翻译家，最神奇的是，他不懂外语，是依靠懂外语的人将作品口译成中文，他一边听一边在纸上写出自己的译文。他和另一位翻译家魏易在1907年翻译了《血字的研究》，当时的译名是《歇洛克奇案开场》。程小青则是最早用白话文翻译福尔摩斯故事的人之一，他和周瘦鹃、刘半农等10位翻译家在1916年共同翻译了当时已经发表的全部福尔摩斯作品，还创作了中国第一部侦探小说《霍桑探案集》。在中国，福尔摩斯的故事很早就已脍炙人口，就连当时的小说《老残游记》（创作于1903—1904年）中的人物都会这么说：

  这种奇案，岂是寻常差人能办的事？不得已，才请教你这个福尔摩斯呢。

——《老残游记》第十八回

  福尔摩斯进入日本的时间比较晚，《血字的研究》直到1899年才被引进，其背景在发表时被改成了日本，人物也都改成了日本人。1931年，《血字的研究》才被正式翻译成日文，而当时日本侦探推理小说鼻祖江户川乱步已经成名，但这并不妨碍福尔摩斯在日本赢得人气。日本侦探推理小说十分繁荣，福尔摩斯作为各位虚拟侦探的祖师爷自然也受到了格外的关注。现在日本最著名的一位福尔摩斯迷可能就是工藤新一了，在《名侦探柯南》第一集里，他就算在和小兰约会的时候也要大谈特谈福尔摩斯。虽然工藤新一只是个虚拟人物，却实实在在道出了福尔摩斯在热爱推理小说的日本人心目中的分量。

  福尔摩斯故事也是影视和舞台剧改编的大热门。早在1899年，由著名舞台剧演员威廉·吉列特主演的四幕剧《歇洛克·福尔摩斯》就在美国纽约州的布法罗首演,编剧是威廉·吉列特本人和柯南·道尔,主要由吉列特完成。这出戏大获成功,吉列特也成了最著名的福尔摩斯扮演者之一。后来,柯南·道尔又把自己创作的《带斑点的带子》搬上舞台,一样获得了很大成功。这出戏从1910年6月4日首演,一直到10月10日,共演了169场。排练过程中,演员要求使用道具蛇,柯南·道尔却搞来了一条真蛇,而且是一条蟒蛇(天知道他是从哪儿搞来的这个玩意儿)。结果蟒蛇在排练的时候却不听指挥,无奈之下,演出时还是使用了假蛇,结果倒给演出平添了不少喜剧效果。

1888年10月,人类历史上的第一部电影《朗德海花园场景》问世,在这之后,影视剧开始流行,成了人们的主要娱乐方式之一,福尔摩斯的故事自然而然地也被搬上了银幕。据说,福尔摩斯是登上银幕次数第二多的文学人物形象,仅次于吸血鬼德古拉伯爵。1900年,美国拍出了第一部福尔摩斯题材的电影《福尔摩斯受挫记》,这是一部短片,只有两个演员,具体是谁演的已经搞不清楚了。在这部电影之后,又有多部福尔摩斯题材电影相继出炉,吉列特和很多著名演员又开始在银幕上继续演绎着福尔摩斯的传奇。1984年,英国格拉纳达电视台拍摄的新一部福尔摩斯探案集横空出世,为观众完美地呈现了柯南·道尔笔下的世界,也为后人留下了一座不可逾越的高峰。

现在,人们仍然在不断演绎着福尔摩斯的故事,其中有英国广播公司在2010年出品的《神探夏洛克》,有美国哥伦比亚广播公司2012年出品的《基本演绎法》,还有美国华纳兄弟出品的《大侦探福尔摩斯》系列电影等。

只是读原著、看影视剧、游博物馆、狂热追捧福尔摩斯,还算不上最忠实的粉丝。有这么一群人,他们专门研究一门和福尔摩斯有关的学科,这门学科就叫福尔摩斯学,简称"福学"。这门学问虽然带有很浓厚的游戏性质,却也是被研究得非常深的学科之一,研究者们使用的也是福尔摩斯的方法。

> 整个生活就是一条巨大的链条,只要见到其中的一环,整个链条的情况就可推想出来了。
>
> ——《血字的研究》

福学研究中这些所谓的一环都是从哪里来的呢?一方面,已经出版的福尔摩斯故事自然是最主要的线索来源,这60篇福尔摩斯探案故事被称为"正典"。另一方面,柯南·道尔还创作过一些有关福尔摩斯的"外传",包括小说和剧本,也被作为了线索的来源。最后一方面,则是当时欧洲的社会风貌、风土人情和政治局势。

现在全世界大约有几百个福学研究组织,其中最有名的是美国的贝克街小分队和英国的伦敦歇洛克·福尔摩斯研究会,以及日本福尔摩斯俱乐部。福学研究者们人数众多,就连美国第32任总统富兰克林·罗斯福也曾是其中之一。

有些福学研究只是一些统计工作。在福尔摩斯的60个故事里,福学家统计出福尔摩斯和华生另外提到过43个案件是只有名字但没能发表出来的,他们甚至还统计出福尔摩斯在这些故事里总共笑过103次。

更多的福学家研究方向很广,研究得也颇为深入。福学研究大多都有一个前提,就是认定福尔摩斯和华生确有其人,柯南·道尔只是华生的"文学代理人"。这样一来,搞清楚福尔摩斯的生平就成了福学研究的首要课题。

福尔摩斯在故事中很少谈及自己的家庭,他的家庭成员都是谁,家庭成员之间的关系如何;福尔摩斯在掉下莱辛巴赫瀑布之后到回到伦敦抓捕莫兰上校之间的几年到底去了哪里,做了什么;华生说福尔摩斯和艾琳之间绝无爱情,他是直言不讳还是欲盖弥彰——这些问题都给了福学家们无限的想象空间。

柯南·道尔在创作福尔摩斯的故事时，会时不时地抛出一些关于福尔摩斯的线索，但又语焉不详，所以福学研究者们便在这些线索的基础上发挥想象。比如，推断福尔摩斯的出生日期，就让研究者们颇费了一番脑力。《最后致意》发生于1914年，故事中的福尔摩斯是一个60岁的人，研究者们强行无视这个故事中的"60岁"只是个概数，以及福尔摩斯当时已经化装易容，只是看上去像60岁的人这两个事实，硬把福尔摩斯的出生年份算成了1854年。《恐怖谷》里说，在1月7日那天早上，福尔摩斯"面前放着一口未吃的早餐"，研究者们就认为福尔摩斯之所以没有胃口，是因为昨晚有一个福尔摩斯的生日会，他在自己的生日会上吃得太多（也可能是宿醉未醒）。于是，他们断定福尔摩斯的出生日期是1854年1月6日。

英国的福学研究学者威廉·S.巴林-古尔德在著名的福学研究组织贝克街小分队的帮助下最终完成了《贝克街的福尔摩斯——世界首位咨询侦探的一生》。这是目前公认的最好的一部福尔摩斯传记，除了详细叙述福尔摩斯的一生经历外，这本书的作者甚至找到了一张福尔摩斯的照片附在书中。不过在书的最前面，作者专门用一页纸写了一句话："本书涉及的所有人物均为虚构，尽管作者本人非常愿意遇到其中任何一人。"

柯南·道尔在写作的时候喜欢一气呵成，之后又不愿意回头检查，把前后矛盾的地方修改过来（他甚至不会留手稿，寄出去就寄出去了，以至于自己都不知道先前写了些什么），这就不免留下了很多前后矛盾的地方。如何解释这些矛盾，让这些矛盾变得合理，也是福学研究的一个重点方向。

在福尔摩斯的故事中有一个特别有名的矛盾点，即华生的受伤部位。在《血字的研究》里，华生自述肩部受伤，被一颗子弹打碎了肩骨，还擦伤了锁骨下面的动脉，到了《四签名》里就成了华生那被子弹打伤的腿又开始隐隐作痛,而在《巴斯克维尔的猎犬》里,华生有"飞毛腿"称号,在《米尔沃顿》里,华生健步如飞,完全没有腿部受伤的迹象,在《贵族单身汉》里,华生的枪伤又开始疼了,这回疼痛的位置是残留着子弹的胳膊,似乎又是肩膀受伤了。如何解释这些矛盾点,福学研究者们说法不一,有的说华生受过两次伤,一次在肩部,一次在腿部,有的则说华生可能是产生了心理疾病,他跟不上福尔摩斯,就认为自己腿部受伤了,还有的则说华生受伤的时候是伏在马背上的,一颗子弹穿过他的大腿打中了他的肩膀。不管哪种说法正确,华生都够倒霉的了。

另一个著名的矛盾点是《红发会》里的日期问题。故事的一开始说的是"去年秋天的一天"(《红发会》发表于1891年,所以这个"去年"应该是1890年),威尔逊先生拜访福尔摩斯。接下来威尔逊掏出了一张"正好是两个月以前的"《纪事年报》,这张报纸的发行时间是1890年4月27日,那么拜访日期应该是6月27日。威尔逊说自己拿到报纸的时间是8个星期之前,这倒是和两个月以前这个时间对得上,但是他又说"今天"(即威尔逊先生来拜访福尔摩斯的这一天,也就是"红发会"宣告解散的这一天)是1890年10月9日,拜访日期又变成了10月份了,而且1890年10月9日是星期四,福尔摩斯却说这天是星期六。威尔逊说自己在这8个星期里,每个星期六会领取4英镑的报酬,自己赚了32英镑,可最后一周他去报到的时候,红发会业已解散,没有人给他发钱了,所以8个星期,他应该只赚了28英镑才对。你看,这么多的矛盾之处,是不是很难解释清楚呢?

这个问题最终被同是推理小说作家的多萝西·L.塞耶斯解决了。她的第一个判断是华生可能把笔记中的"9"当成了"4"(这也是之前的一位福学研究者H. W. 贝尔的判断),1890年10月4日正是星期六。接下来,她推测华生所说的"正好两个月"是非常准确的,倒是威尔逊先生有可能记错了看到报纸的时间,所以威尔逊看到这张报纸的时间是1890年8月4日,这天正好是星期一,和原文中说的报纸上的启事要求应征者在周一去报到,以及威尔逊看到这张报纸立刻就去报到这点是吻合的。而1890年8月9日是星期六,所以威尔逊先生领报酬的时间是8月9日、8月16日、8月23日、8月30日、9月6日、9月13日、9月20日、9月27日,正好8次,一共领取32英镑,到了10月4日,红发会关门,威尔逊先生就再也领取不了报酬了。

至于4月27日这个日期,塞耶斯认为华生可能是把8月4日(August 4)和4月27日(April 27)搞混了,她还专门模仿华生的笔迹写了这两个日期以供对比。塞耶斯说"华生是个医生,很多时候他的笔迹难以辨认","他写日期的时候用缩写,还用了一支修过的、不太好用的J型笔"(这些理由对于福学家来说简直太美好了),所以排字工人在排版的时候搞错了,而在华生写这个故事的时候,他"特别马虎、心不在焉",因为福尔摩斯刚刚在《最后一案》中死去,导致华生没能认真校对样稿。

至此,《红发会》中的矛盾终于被解决了。除了这两个课题之外,华生的婚姻、莫里亚蒂教授的家庭、贝克街221B的实际地址也都是让研究者们绞尽脑汁的问题。其实,现在我们可以感受到,福尔摩斯学的研究虽然有很大的游戏成分,却也是一种对智力的考验。研究者们穷尽心智,只为了解释柯南·道尔无心犯下的一个无关大雅的错误(如果我们把《红发会》中的所有日期全都用"×年×月×日"替代的话,其实一点儿也不影响我们的阅读体验),这个过程虽然似乎有些无益,最终获得的成就感对于资深福迷们来说却是无与伦比的。整件事在外人看来虽然有些令人无法理解,但是看到结果,我们是否会莞尔一笑呢?假如我们读完一篇福尔摩斯探案故事,再来读一下跟这个故事有关的福学研究作品,是不是能对原作有新的认识呢?

福尔摩斯的启示

柯南·道尔不是第一个写侦探推理小说的作家,也不是第一个靠写作为生的作家。但他最终大获成功,名利双收。

柯南·道尔的成功不仅为侦探推理小说吸引来了一大群读者,也让后来者争相效仿。著名推理小说大师阿加莎·克里斯蒂很小的时候就听姐姐给自己讲福尔摩斯的故事,等她长大后也开始写侦探小说。她的处女作《斯泰尔斯庄园奇案》一开篇,故事的讲述者黑斯廷斯就自述自己是一名伤病员,从前线退下来后在疗养院里待了几个月,又获得了一个月的假期,休假期间他遇到了一位朋友,这位朋友请他到斯泰尔斯庄园居住,在那里,他和老朋友波洛重逢,而波洛就是阿加莎笔下那位察微知著的大侦探。

对比这个故事和《血字的研究》,我们会发现,黑斯廷斯的经历和华生的

柯南·道尔的故居

经历惊人地相似,显然阿加莎在构思这个故事的时候,受到了柯南·道尔的深刻影响,甚至有跟风的嫌疑。其实,作者在刚刚开始文学创作的时候,由于缺乏自信或者缺乏对文字的掌控能力,借鉴前人优秀作品的设定和桥段是很常见的(当然,要搞清楚借鉴和抄袭的区别),贵为"侦探女王"的阿加莎也不例外。她自己也说:

> 只有一个侦探——歇洛克·福尔摩斯,是我永远也不能超越和效仿的。
>
> ——《阿加莎·克里斯蒂自传》

柯南·道尔并不是只留下了一个写作模板,作品中关于福尔摩斯的人格描写和现实主义风格对于后来者的启发作用是很大的。人格描写令福尔摩斯变得形象丰满、有血有肉,现实主义风格则让读者在阅读过程中会产生身临其境的感觉,后来的作家们在创作过程中也都遵循了这一原则。很多小说中的侦探才能出众,外貌也颇为独特,像波洛的蛋形头、金田一耕助皱巴巴的和服和鸡窝头,因而被人所熟知。侦探小说中的破案手段和现实中的大相径庭,现实中也不会有人随意行凶,小说中的行凶手法未必可行,过程也不可能一帆风顺,要让故事完全和现实一样并不可能,但场景、时间、动机这些是可以完全真实的,侦探小说完全抛弃了怪力乱神,也没有科幻小说中的天马行空,行凶者、受害者、卷入案件的人都是普通人,侦探也并没有什么超能力,有成功的时候,也有失败的时候,这就是真实世界中可能发生的事情。作者甚至可以借讲故事探讨社会问题,进行批判或者教育,侦探小说也可以借此获得主旨的升华。

福尔摩斯的探案故事不仅对文学创作产生了深远的影响,对科学家们也启发良多,法国科学家埃德蒙·罗卡就曾坦言,自己是受福尔摩斯的启发才创立了现代法证学。他曾提出过一个著名的定律:

> 凡两个物体接触,必会产生转移现象。
>
> ——罗卡定律

这个定律看似简单,却是现代法证科学的基础,法证科学的一切研究都是基于这个前提开展的。让我们回想一下福尔摩斯在探查案件时的表现,他每见到一个人就认真观察这个人外貌衣着上的痕迹,分析这些痕迹是如何造成的,从而推断出这个人的身份特征,这就是在对环境向人身上转移的物质进行研究;他每到一个现场,就仔细观察现场的脚印、血迹,这就是研究人向环境转移的物质。

福尔摩斯故事中提到的演绎法更是现在刑侦工作中的重要方法,通过逻辑和推理将证据串联起来,形成完整的证据链,才能让案件真相大白,这是现代刑侦工作的基本原则。

在福尔摩斯的时代,侦探小说毕竟才刚刚开始发展,科技还远没有达到今天的高度,小说在写实的基础上预言了一些科学技术,虽然这些预言猜想的成分很多,但后来仍然在一定程度上实现了——就像早期科幻作家儒勒·凡尔纳在作品中做出的预言那样。

虽然福尔摩斯的故事有很多不足之处,但不可否认的是,这60部小说在一定程度上反映了未来文学和科技的发展趋势。接下来,我们就来详细说说,那些和福尔摩斯故事有关的科学技术。

第二章
福尔摩斯和推理

)

  1978年，群众出版社出版了《福尔摩斯探案选》，书中包括《血字的研究》《四签名》和《巴斯克维尔的猎犬》三篇故事。这部书的编者在出版说明中说"书中对案情的分析研究和推理方法，也还有一定参考价值"，并表明出版这部书的目的是"为了开阔眼界，并用作我公安司法人员的参考读物"。这几句话所言非虚，推理是福尔摩斯故事的精髓所在，也是研究福尔摩斯绕不开的一个课题，福尔摩斯故事中的推理情节，不仅为读者提供了畅快的阅读体验，还展示了一种思考和判断的方法。

推理——一门精致的科学

什么是推理呢？简单来说，就是一种"使用理智从某些前提产生结论"的行动。推理有两个基本类型：演绎和归纳。我们先来说说演绎，它是指给出正确的前提，就必然推出结论。著名的苏格拉底三段论就属于演绎推理：

人皆有一死，

苏格拉底是人，

所以，苏格拉底会死。

用一个身边的例子来解释演绎：

前提：小学生都要按时上课，

小明是小学生。

结论：小明也要按时上课。

我们可以看到，这两个例子中的命题无论是"人皆有一死"还是"小学生都要按时上课"，它们所针对的都是一般性的或者说具有普遍性的情况，其中的个体必然符合整体的规律，因此我们可以得出确定的答案。

而归纳则是指当前提为真时，可推出某种概率性的结论。也就是说，结论不是100%出现的，当然也有可能不止一种结论。比如：

前提：小明是小学生，要按时上课；

小美是小学生，要按时上课；

小萌是小学生，要按时上课。

结论：小学生要按时上课。

从对个体的描述中总结规律,然后将其作为结论来推理其他个体的行为,就是归纳。这种结论的正确性只是一个概率。小明、小美、小萌都是小学生,他们都要按时上课,但其他小学生,如小琪、小轩、小哲等,是否也需要按时上课呢?通过小明、小美、小萌都要按时上课,推断出小学生都要按时上课,其实是不充分的。严格来说,除非我们考察过每一名小学生,确定他们全部要按时上课,才能说小学生都要按时上课,若只是考察过小明、小美、小萌这三名小学生,知道他们要按时上课,只能得出小学生可能要按时上课的结论。

福尔摩斯是一名侦探,对于他和他的侦探同行们来说,"前提"就是他们所获得的那些线索,"结论"就是案件的全部真相,他们的推理是通过已知线索获得案件真相的过程。那么,这个推理过程是演绎还是归纳呢?想想另一位大侦探江户川柯南的名言:"真相只有一个!"**显然,福尔摩斯的推理是演绎推理**。福尔摩斯也确实将自己的推理称为演绎法(《血字的研究》)。

除了经典的三段论之外,演绎推理还包括假言推理、选言推理、联言推理、关系推理、类比推理等多种形式,其中前3种应用得较多,在此我们举几个例子,以便大家更直观地了解它们。

假言推理,顾名思义指的是在假设关系命题的基础上进行的推理。比如,下页表中的4个例子,其命题A是完全一样的,"如果……那么……"就是它们中表示假设关系的关联词。

仔细研究前提A,我们会发现,小学生必须按时上课,不是小学生的人也有需要按时上课的。我们可以把"小学生"和"需要按时上课"称为两个"条件","小学生"必然"需要按时上课",对于"需要按时上课"来说,有"小学生"这一个条件就够了,理由很充分。也就是说,"需要按时上课"只是"小学生"必须要做的事情之一,"需要按时上课"就是"小学生"的必要条件。

	例1	例2	例3	例4
前提	A:如果小明是小学生,那么他就要按时上课。B:小明不需要按时上课。	A:如果小明是小学生,那么他就要按时上课。B:小明需要按时上课。	A:如果小明是小学生,那么他就要按时上课。B:小明不是小学生。	A:如果小明是小学生,那么他就要按时上课。B:小明是小学生。
结论	小明不是小学生。	小明是小学生。	小明不需要按时上课。	小明需要按时上课。
结论是否正确	正确	错误	错误	正确

如果我们给这两个条件各加一个"不"字再进行考察,就会发现"不需要按时上课"是"不是小学生"的充分条件,"不是小学生"是"不需要按时上课"的必要条件。现在我们再回头看看,上表中例1和例4中的命题B是结论的充分条件,例2和例3中的命题B是结论的必要条件,因此例1和例4的推理是正确的,例2和例3的推理是错误的。生活中我们在接受交通安全教育时,常常会被告知如果不遵守交通规则会出现怎样的后果,运用的就是假言推理法。

"要么……要么……"是一组表示不确定选择关系的关联词,类似的关联词还有"或者……或者……","可能……可能……"等,以不确定选择关系命题为基础的推理叫作**选言推理**。

进行选言推理的条件之一是能够列出所有的可能性,这些可能性之间的关系有可能是非此即彼的,也有可能是并存的。前者叫不相容选言推理,后者叫相容选言推理。下页表中的3个例子,显然例1是前者,而例2和例3则属于后者。

"小明是小学生"和"小美是小学生"这两种可能并不是非此即彼、互相

	例1	例2	例3
前提	A:小明要么是个小学生,要么是个中学生。B:小明不是中学生。	A:小明或小美是小学生。B:小明不是小学生。	A:小明或小美是小学生。B:小明是小学生。
结论	小明是个小学生。	小美是小学生。	小美不是小学生。
结论是否正确	正确	正确	错误

排斥的,小明和小美都有可能是小学生。

福尔摩斯曾在多种场合说过同一句话:"当你把绝不可能的因素都排除之后,无论剩下的是多么难以相信的事,那都是事实。"显然,他说的就是选言推理。相信很多人在上学的时候,都听很多老师讲过,在做单选题的时候要善用排除法。如果确定其他选项都是错的,那么剩下的唯一一个选项肯定是对的,这也是选言推理。

还有一种用得比较多的推理方法是**联言推理**,即前提或结论中有联言判断,并且是根据联言判断的逻辑性质进行推演的演绎推理。所以,联言推理的前提反映了事物的若干种情况或者性质同时存在。

联言推理的形式分为合成式及分解式两种,请看下表中的两个例子。

	例1	例2
前提	小明是个小学生。小明是张老师教的学生。	小明是张老师教的小学生。
结论	小明是张老师教的小学生。	小明是个小学生。
结论是否正确	正确	正确

第一个推理是合成式联言推理,小明是个小学生为真,小明是张老师教的学生为真,那么小明是张老师教的小学生也为真。第二个例子是分解式

的联言推理,小明是张老师教的小学生为真,那么小明是小学生为真,并且小明是张老师的学生也为真。

福尔摩斯的推理

福尔摩斯是推理的行家,他在《海军协定》中称"推理法可能被推理学者逐步树立为一门精密的科学",还专门就如何进行推理写了一篇题目夸张的文章——《生活宝鉴》,文中说:"整个生活就是一条巨大的链条,只要能见到其中的一环,就能知道整个链条的特点了。"

第一次读这篇文章的华生还不知道它的作者是福尔摩斯,他对这种论调不屑一顾,认为这是一篇废话连篇的无聊文章。福尔摩斯倒并没有因此而火冒三丈,他给华生简单解释了一下自己的工作,然后告诉华生,自己是怎么一见到他就知道他是从阿富汗回来的。

当时,福尔摩斯通过观察华生获得了一些初步的信息,然后进行了几步推理(见下页表)。现在让我们来分析一下这一系列推理,看看其中有哪些闪光之处,又有哪些不足。

在第一步推理中,福尔摩斯利用联言推理,从"华生有医生风度"和"华生有军人气概"推断出"华生是个军医",但福尔摩斯做出的这个推理有很大的问题。它的前提是"风度""气概"这种很含糊的特征,到底什么是"医生风度",什么是"军人气概",其实见仁见智,每个人的看法都不一样,所以,从这样的命题出发,很难得到明确的结论。

第二步推理是个假言推理,这里有个隐藏命题,而第三步推理是三段论推理,它们称得上中规中矩,因为它们的前提和逻辑符合19世纪人们的认知。但实际上,今天我们知道只要是在阳光强烈的地方受到一段时间的曝

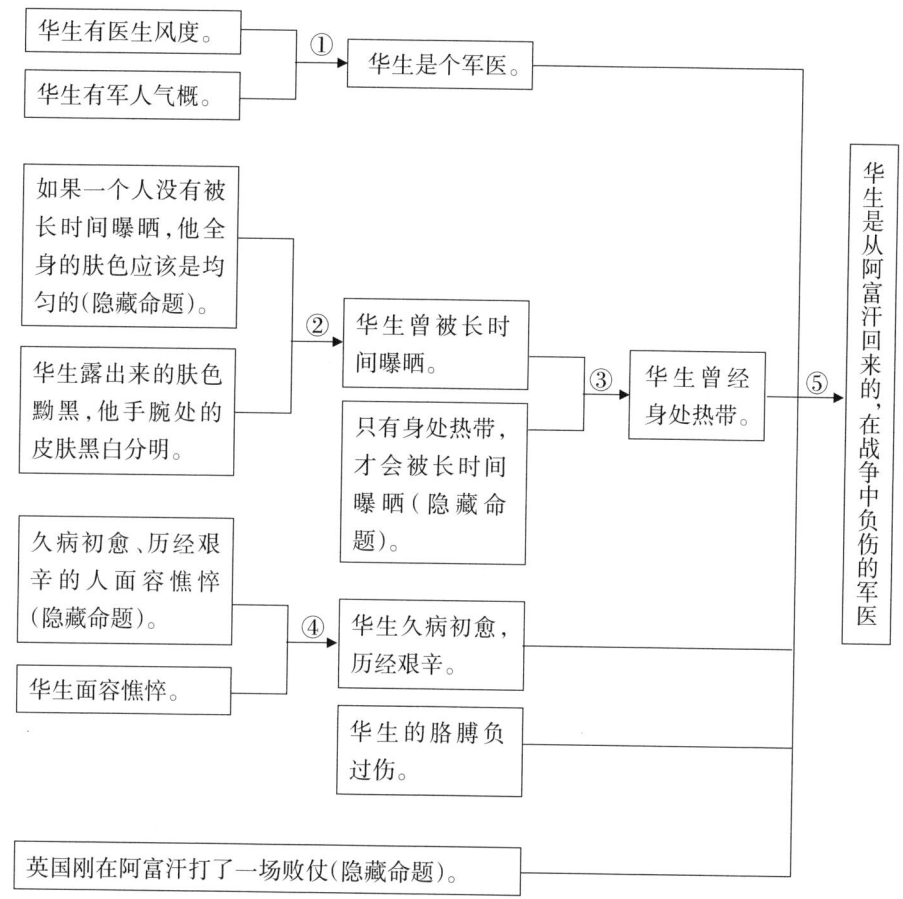

晒,人的皮肤颜色就会变黑,这种地方并不一定只有热带才有。

第四步推理最为薄弱,一个人面容憔悴的原因有很多,生病只是其中之一,"历经艰辛"这个描述也很含糊。

最后一步推理中的三个前提是前面四步推理的结论,另一个前提是华生的伤情,还有一个没说出来(也不需要专门说出来)的前提是当时的大背景——人人都知道的那场在阿富汗的败仗,其实我们把这个推理重新进行整理就会发现第五步推理又可以分为三步:

	第5.1步推理	第5.2步推理	第5.3步推理
前提	华生是个军医。华生受过伤。华生生过病，并饱经艰辛。	华生在战争中受伤。华生去过热带。	阿富汗属于热带，英国刚在这里进行过战争，假如一个英国人最近曾在一场发生在热带的战争中负伤，那么一定是在阿富汗负的伤。英国人华生在一场发生在热带的战争中受了伤。
结论	华生是个在战争中受伤的军医。	华生在一场发生在热带的战争中受了伤。	华生是在阿富汗受的伤。

第5.1和5.2步推理是刚刚说过的联言推理，第5.3步推理是个三段论推理，但这里面有个问题，阿富汗并不属于热带，而是温带（但阿富汗沙漠中的日照也很强烈），把这几步推理的结论综合在一起，最终福尔摩斯认定华生是从阿富汗回来的。

显然，福尔摩斯这个推理十分不严谨，中间还有一些错误。《血字的研究》是柯南·道尔创作的第一部福尔摩斯作品，他在写作的时候已经确定了要写一个靠演绎推理破案的侦探形象，《血字的研究》第二章是专门介绍这个方法的，连标题都叫"演绎法"，但此时柯南·道尔的写作技法还不够成熟，对一些概念也不是太清晰，而当时人们的科学知识不足也是其出现错误的原因之一。但在接下来的故事里，随着写作经验日益丰富，柯南·道尔逐渐掌握了演绎法，写出了一些很精彩的推理。

福尔摩斯对他的演绎法十分骄傲，他喜欢时不时地在其他人面前表现一番，也乐于给华生讲解自己的推理。有一次，两人在闲聊之际，福尔摩斯判断出华生：

> 你今天早上曾经去过威格摩尔街的邮局，而推断让我知道，你在那里发了一封电报。

——《四签名》

让我们来看看福尔摩斯是怎么做到的！关于华生去过威格摩尔街的邮局，福尔摩斯的推理是这样的：

前提	去威格摩尔街邮局的人都难免踏进泥里，沾上那种别的地方都没有的、具有特殊红色的泥土。 华生的鞋子上沾有这种红色泥土。
结论	华生去过威格摩尔街的邮局。

关于发电报，福尔摩斯是这样推理的：

	第一个推理	第二个推理	第三个推理
前提	寄信要事先写好信，要贴邮票。 华生没有写信。 华生的邮票是一大整张的，没有单枚邮票被撕下来用过。	寄明信片要写好明信片，要贴邮票。 华生有一捆明信片，没有打开用过。 华生的邮票是一大整张的，没有单枚邮票被撕下来用过。	去邮局可能是去寄信，也可能是去寄明信片，也可能是去发电报。 华生没有寄信。 华生没有寄明信片。
结论	华生没有去寄信。	华生没有去寄明信片。	华生是去发电报。

华生搞清楚了福尔摩斯的推理过程，顿时觉得这很简单，没什么了不起的，随即他也忍不住想出题来考考福尔摩斯。华生拿出一块表递给福尔摩斯，让他从上面找找旧主人的性格和习惯，而福尔摩斯的一番推理使华生几乎跳了起来。

福尔摩斯先看了看这块表，说这块表很干净，几乎没有什么痕迹，这让华生心中窃笑，认为福尔摩斯应该是什么也发现不了，才想了这么个蹩脚的理由来掩饰失败。

接着福尔摩斯说："这只表原来的主人是你哥哥，是你父亲留给他的。"

对此，华生倒也没觉得有多神奇，因为表的背面刻着 H 和 W 两个字母，这显然是个人名的缩写。从 W 联想到华生的姓 Watson 倒也不算什么。

但福尔摩斯的思考比华生认为的更深入,他是这么想的:

	第一个推理	第二个推理	第三个推理	第四个推理	第五个推理
前提	华生和他的家人姓Watson。手表的前主人(可能)姓Watson。	手表是50多年前制造的,表上的字也是50多年前刻的。华生的父辈在50多年前正值壮年。	如果华生是长子,他就应该在他父亲一去世时就继承这块表。华生是刚刚得到这块表的。	如果华生的父亲去世,这块表多半会被传给长子。华生不是长子。	这块表本来在华生的哥哥手里。这块表现在到了华生的手里。
结论	手表的前主人(可能)是华生的家人。	手表(可能)是华生的父亲50多年前买的。	华生不是长子。	这块表传给了华生的哥哥。	这块表是从华生的哥哥传到华生手里的。

我们先想想这几个推理都是哪种推理,再回头看看这一连串的推理中,是不是有好几个"可能"? 之所以有这么多的"可能",是因为其实每一个推理都更像一个猜想。"W"不一定代表"Watson",姓Watson的也未必是华生的家人;华生的父辈未必就是华生的父亲;华生自己也可能是长子。

这一连串的"可能",随便哪一个变成"不",福尔摩斯的推理就都错了。不过,再仔细想想就会发现,其实福尔摩斯在讲述的时候,省略了下面这个推理:

前提	如果华生对这块表的旧主人不了解,就无法用这个方法来考验福尔摩斯的推理能力。华生信心满满地用这个方法来考验福尔摩斯。
结论	华生了解这块表的旧主人。

有了这个结论,再加上那个"W",这块表原来属于华生家人的可能性就很大了。

华生自己承认了这块表的旧主人是自己的哥哥。接下来,福尔摩斯又断言:"他是一个邋遢的人,既邋遢又粗心大意。本来他有很光明的前程,可是他却放弃了一些好机会,大部分时间生活潦倒,偶尔也会境况很好,他最后因为贪杯好饮而死。"

华生一听这些,立刻从椅子上跳起来,因为福尔摩斯触动了他的内心,让他感到无限辛酸。他甚至认为,福尔摩斯事先打听了自己家人的情况,并以此来装神弄鬼。对此,华生非常愤怒,但福尔摩斯和蔼地向华生解释了自己的推理过程:

	第一个推理	第二个推理	第三个推理	第四个推理
前提	如果华生的哥哥是个很谨慎的人,他一定会很珍视这块贵重的手表。这块表被压出了凹痕,还有无数的伤痕。	富有的人有更好的前景。华生的哥哥曾经得到过一笔包括一只价值50英镑的手表在内的丰厚遗产。	伦敦的当铺收进一只手表后,会在表的里面刻上当票号码。这只表刻了至少4个当票号码。	家境宽裕的人不会频繁典当。华生的哥哥典当过4次这块表。
结论	华生的哥哥并不谨慎,他是个放荡不羁的人。	华生的哥哥本来有更好的前景。	这只表被典当过4次。	华生的哥哥常常生活困窘。
	第五个推理	第六个推理	第七个推理	第八个推理
前提	没钱的人无法赎回自己典当的物品。这块表曾经几次被典当又被赎回。	清醒的人在表上插钥匙,不会划伤钥匙孔周围。这块表的钥匙孔周围有很多划痕。	除非华生的哥哥已经去世,否则华生不会获得这块表。华生获得了这块表。	酗酒对健康有害。华生的哥哥酗酒,并且已经去世。
结论	华生的哥哥也有经济条件还不错的时候。	华生的哥哥常常不太清醒,可能是因为醉酒。	华生的哥哥已经去世。	华生的哥哥可能死于酗酒过度。

华生在搞清楚福尔摩斯的推理过程之后才心服口服,为自己的冒犯道歉。

福尔摩斯在《生活宝鉴》中说过,"看到生活链条的一环,就可以推断出全貌",这其实是一种夸张的说法,知识储备不足,或者观察不细致,都有可

迈克罗夫特

能导致推理者忽视一些情况,甚至被导向错误的结论。在《希腊译员》这个案子中,福尔摩斯向华生介绍了自己的哥哥迈克罗夫特。他先说哥哥的推理能力比自己更强,又说他的观察能力比自己更强。如果迈克罗夫特不是真的能力出众,骄傲的福尔摩斯绝对不会如此赞不绝口的。接下来,也许是兴之所至,福尔摩斯准备带华生去见见自己的哥哥,于是两兄弟就在第欧根尼俱乐部会客室的凸肚窗旁进行了一场精彩的推理比赛。

窗外有两个人,福尔摩斯看出了其中一个是台球记分员。华生也看到了这个人,他发现这个人的马甲口袋上有粉笔的痕迹,这是台球记分员的标记,但他也只能看出这么多来了。如果华生也算参赛者的话,那么他显然是这场比赛的最后一名,我们姑且就算他看出了这位记分员的身份——哪怕是在福尔摩斯和迈克罗夫特之后才搞清楚答案。我们知道,华生会打台球,时不时地还会和一位老友打上几局(《跳舞的小人》),而福尔摩斯兄弟俩似乎对台球都没什么兴趣。遗憾的是,华生只看到了一个线索,对于他来说,这可真算不上是一份合格的答卷。

不过,福尔摩斯和迈克罗夫特的关注焦点并不在这位台球记分员身上,或许是因为这个结论太容易推理出来了,以至于他们都没什么兴趣。他们关注的是记分员旁边那个人,这个人的职业和身份特征则没那么明显。在华生眼里,他身材瘦小,皮肤黝黑,帽子戴在后脑勺上,腋下还夹着好几个小包。华生看不出太多的信息来,而就在此时,福尔摩斯已经和迈克罗夫特开始抢答了。

福尔摩斯:"我想他是一个老兵。"

迈克罗夫特:"而且是刚退伍的老兵。"

福尔摩斯:"看起来他在印度服役。"

迈克罗夫特:"是一个军士。"

福尔摩斯:"可能是皇家炮兵队的。"

迈克罗夫特:"他是一个鳏夫。"

福尔摩斯:"不过有一个孩子。"

迈克罗夫特:"不止一个孩子,我亲爱的弟弟,他的孩子可不止一个。"

等两个人说到此处,比赛也算是告一段落。华生不觉笑着说:"这有点太不可思议了。"他看惯了福尔摩斯一字一句、有条不紊地说出自己的推断,却从来没有见过两个人同时进行推理,而这场比赛最后的结果竟然是福尔摩斯落败。

接下来,福尔摩斯和迈克罗夫特就开始解释自己的推理。

福尔摩斯:"他有那么一种威武的神情,风吹日晒的皮肤,一看便知他是一个军人,而且不是普通的士兵;他应该刚从印度回来不久。"

迈克罗夫特:"他刚回来不久还表现在他仍穿着那双他们所谓的炮兵靴子。"

福尔摩斯:"他走路的姿态不像骑兵,但是他歪戴着帽子,这一点可以从他一侧眼眉上边皮肤较浅看出来。他的体重又不符合做一个工兵的要求。所以说他是炮兵。"

迈克罗夫特:"还有,他那十分悲伤的神情,显然说明他失去了某个最爱的人。从他自己出来买东西这件事来看,像是他失去了妻子。你看,他在给孩子们买东西。那是一个拨浪鼓,说明这个孩子很小。他的妻子可能是在产后去世的。他腋下夹着一本小人书,说明他还惦记另一个孩子。"

听完了全部解释,华生才明白:为什么福尔摩斯说他哥哥比他自己拥有更加敏锐的观察力。仔细回顾一下福尔摩斯和迈克罗夫特的推理,和福尔摩斯故事中的其他推理过程不同,在这场比赛中,两个人是在抢答,他们的时间并不充裕。福尔摩斯一上来就注意到了这个人的神情和肤色,并由此推断出他是个刚从印度回来的老兵,就如同他初见华生的时候,也是从华生的风度神态和肤色推断出他是个从阿富汗回来的老兵。在《血字的研究》里,福尔摩斯之所以没把华生当成从印度回来的老兵,是因为华生身体有伤,而英国那时刚刚在阿富汗打了一场大败仗,福尔摩斯自然而然地把华生的伤病和这场败仗联系在了一起。所以,虽然华生和这个人的风度、神态、肤色都类似,福尔摩斯还是把他们区分开了。

相比于对神情和肤色的关注,迈克罗夫特捕捉到了一个更具体的细节——这个人的靴子。炮兵靴子显然比神情和肤色更能表明此人的身份,也更让福尔摩斯关于此人炮兵身份的推理变得略显后知后觉——穿炮兵靴子的人自然有很大可能是个炮兵。不过,福尔摩斯关于此人炮兵身份的推理倒也并不多余,毕竟一个人如果不是炮兵也有可能穿上一双炮兵靴子,他发现的走路姿态、帽子和体格这三个特点才是确认此人身份的关键。换句话说,发现了这三点,才能最终确定他是个炮兵。

接下来是关于此人是个鳏夫,而且有孩子的推断,迈克罗夫特说出了全部答案,而福尔摩斯未必就没有推理出来,不过福尔摩斯还是犯了个错误,他只看到此人手里的拨浪鼓就有些武断地认为此人有一个孩子,而迈克罗夫特还看到了此人腋下夹着的小人书。

通过物件推断物主的身份、职业、年龄、性格等,其实是福尔摩斯的拿手好戏,有时他也会让华生试着推理一番。在《巴斯克维尔的猎犬》一开篇,华生看到了一位访客遗落的手杖。这是一根精致而又沉重的手杖,顶端有个疙瘩,顶端下方是一圈很宽的银箍,宽约1英寸(2.54厘米),上面刻着"送给皇家外科医学院学士詹姆士·摩蒂默,C.C.H的朋友赠,一八八四"。华生认为这是一根旧式的私人医生所常用的那种既庄重、坚固而又实用的手杖。

华生首先进行了第一个推理:人们会送给一位功成名就、年岁较大的医学界人士一件表达敬意的纪念品,摩蒂默医生获得了这样一件礼物(前提);所以,摩蒂默医生是一位功成名就、年岁较大的医学界人士(结论)。

关于这个推理,福尔摩斯的评价是两声"好",这让华生很有信心。随即华生做出了第二个推理:伦敦的医生不会拿一把磕碰得很厉害的手杖,这根手杖磕碰得很厉害(前提);所以,摩蒂默医生在乡村行医(结论)。

华生的第三个推理:手杖下端的厚铁包头,只有在被拿着走过很多路之后才会磨损得很厉害,这根手杖的厚铁包头磨损得很厉害(前提);所以,摩蒂默医生拿着这根手杖走过很多路(结论)。

听到后面两个推理,福尔摩斯评价道:"完全正确。"这时华生又把注意力放在了那行字上,他猜想C.C.H可能是个猎人的组织——他认为H可能代表Hunt(狩猎)。据此,他做出了第四个推理:猎人容易受外伤或者得一些外科疾病,摩蒂默医生有治疗技术(前提);所以,摩蒂默医生可能治疗过这个猎人组织的会员,这把手杖是他们的谢礼(结论)。

福尔摩斯听完华生的第四个推理后,称赞他"大有长进","习惯于低估自己的能力","是光的传导者","有着可观的激发天才的力量",就在华生心情愉悦、洋洋自得的时候,福尔摩斯忽然话锋一转,告诉华生,"恐怕你的结论大部分都是错误的"。不过,他还是肯定了华生的第二和第三个推理:摩蒂默医生确实是一位在乡村行医的医生,而且常常步行。

接下来,福尔摩斯开始分析华生推理中的错误。他认为,华生关于

C.C.H 的解释是错误,H 与其说是 Hunt 的缩写,不如说是 Hospital(医院)的缩写,作为一名医生,显然与 Hospital 的关系更密切才对(华生也是一位医生,但他对 Hospital 这个词不敏感,可能是因为他当过军医,又长期自己开诊所,没怎么在大医院里工作过有关)。既然 H 代表 Hospital,那么 C.C 就很有可能是 Charling Cross,C.C.H 的意思就成了查令十字街医院。接下来,福尔摩斯以此为基础进行了一番推理:

	第一个推理	第二个推理	第三个推理	第四个推理
前提	人们一般会在某个特殊的时间点赠送礼物。摩蒂默医生之前在伦敦的查令十字街医院工作,后来去了乡下行医。	一个在伦敦有了一定声望的医生,不会迁往乡下行医。摩蒂默医生离开伦敦去了乡下。	摩蒂默医生离开医院的时候岁数不大。摩蒂默医生是5年前离开医院的。	只有待人亲切的人才会收到纪念品。摩蒂默医生收到了纪念品。
结论	摩蒂默医生是在即将离开查令十字街医院去乡下行医的时候收到这把手杖的。	摩蒂默医生在医院的地位不会太高,相应地,他的岁数也不会太大。	摩蒂默医生现在也就30多岁。	摩蒂默医生是个亲切的人。
	第五个推理	第六个推理	第七个推理	第八个推理
前提	不贪功名的人才会离开伦敦跑到乡下。摩蒂默医生去了乡下。	做事马马虎虎的人都丢三落四。摩蒂默医生忘了留下名片,也忘了自己的手杖。	手杖如果总是被狗叼着,会被咬出牙印来。手杖上有狗的牙印。	如果摩蒂默医生不熟悉、不喜欢这只狗,他不会让这只狗叼自己的手杖。这只狗老是叼着手杖。
结论	摩蒂默医生不贪功名。	摩蒂默医生做事马马虎虎。	有一只狗总是叼着这个手杖。	摩蒂默医生很熟悉、很喜欢这只狗,这只狗应该是他的宠物。

华生已经从一定程度上掌握了演绎法,他也有足够的观察力,但他的思考远没有福尔摩斯透彻,一方面是由于他的知识储备不如福尔摩斯丰富(他没有把H和Hospital联系起来,也没有辨认出狗的牙印),另一方面是他缺乏经验,在演绎推理方面不像福尔摩斯那么娴熟。这就提示我们,想要拥有非常强大的推理能力,第一要拥有丰富的知识储备,管理好自己接收到的所有信息,第二要经常练习,锻炼自己的推理能力。

现实中的推理

世上到底有没有人拥有福尔摩斯般强大的演绎推理能力呢?接下来我们就来说说历史中较为著名的推理案例。

利用推理的方法寻找真相自古有之。在古代,西方就流传着所罗门王断案的故事。据说,曾经有两个妇人争论自己才是孩子的母亲,一直闹到了所罗门王的面前。所罗门王便命令手下拿一把刀来,声称要将孩子劈为两半,让两个妇人各取一半。一个妇人立刻说:"这孩子也不归你,也不归我,把他劈了吧。"另一个妇人说:"求我主把孩子给她吧,万不可杀他。"这时所罗门王宣布,那个不肯让孩子被劈死的妇人才是孩子的母亲。

这是一个千古传颂的判决,按人之常情,孩子的亲生母亲是不会忍心看着孩子死在面前的,这是隐藏的前提,而现在一个妇人宁可把孩子让给另一个妇人,也不让所罗门王杀死孩子,所以所罗门王断定不肯让他杀死孩子的妇人才是孩子的亲生母亲。

在中国的古典文学名著《三国演义》中记载了这样一个故事:吴国的皇帝孙亮17岁时,有一次想吃蜂蜜,便命太监取来,结果却发现蜂蜜中有几块鼠粪,于是孙亮把管仓库的官员叫来责备。官员说自己把蜂蜜封得很严,不可能有鼠粪掉进去。孙亮便问他,取蜂蜜的太监是否曾找他要过蜂蜜。官员说几天前这个太监确实找他要过蜂蜜,但被他拒绝了。孙亮说这应该是太监报复,故意在蜂蜜中放鼠粪来陷害管仓库的官员。太监不肯承认,孙亮便说:这很容易搞清楚,如果鼠粪掉进蜂蜜很久了,那它的内外都会被蜂蜜浸湿,如果是刚掉进去的,那它就应该是外面湿润,里面干燥。孙亮命人取刀来,剖开鼠粪,发现里面是干燥的,于是太监只能认罪。

如果鼠粪掉进蜂蜜很久了,那它的内外都会被蜂蜜浸湿;如果是刚掉进去的,那它就应该是外面湿润,里面干燥。这是推理的前提。而现实的另一前提是鼠粪外面湿润,里面干燥。所以孙亮得出第一个结论:鼠粪是刚掉进去的。如果鼠粪是因为管理不善掉进去的,那就应该掉进去很久了;前面说过鼠粪是刚掉进去的。在这两个前提下,孙亮推断鼠粪并非因为管理不善而掉进去的。

这两个故事的推理很简单,回想先前介绍的福尔摩斯的推理,显然比这两个故事复杂多了。实际上,柯南·道尔创作福尔摩斯的灵感并非凭空而来,现实中也有像福尔摩斯一样乐于推理且推理能力极强的人,福尔摩斯的原型约瑟夫·贝尔教授就是这样的人。他很乐于向他的学生们演示(也可以说是炫耀)自己的推理本领。有一次,他接诊了一个病人,病人还没张口,他就指出这个病人是个士兵,不是军官,刚从西印度群岛的巴巴多斯岛一个高地军团退役回来。病人很惊讶,因为他全说对了。贝尔教授解释说,这个人虽然礼貌客气,但是没有脱帽致敬,这是军队里的规矩,也说明他不是发号施令的军官。他神情威严,一看就知道是苏格兰人。他得的是淋巴丝虫病,俗称象皮病,是一种被忽视的热带疾病,当时这种病只有西印度群岛上有,在英国是不会得的,而苏格兰军队目前正好驻扎在巴巴多斯岛上。

贝尔教授的推理能力极强,又有丰富的医学知识,早在福尔摩斯火遍世界之前,他就已经协助警方办案了。1878年,他帮助警方破获了"香垂尔谋杀案",但现实和小说毕竟不同,与料事如神的福尔摩斯相比,贝尔教授也有"炫技"失误及无能为力的时候。

有一次,贝尔问一位病人:"你是乐队成员?"那人回答:"是。"贝尔教授得意扬扬地对学生们解释:"他脸部肌肉瘫痪了,这是吹乐器太多造成的。"随即他又转向病人,问道:"你是吹什么乐器的呢?""我是敲大鼓的。"病人老老实实地回答道。

在本书的第一章里我们提到过,1888年,即《血字的研究》发表的第二年,伦敦东区白教堂一带发生了人类历史上最凶残、最恐怖的连环杀人案——"开膛手杰克案"。一个神秘的凶手从7月到11月杀死了至少5名女性,还有几名受害者也被怀疑是死在他的手里。除了杀死这些可怜的女性之外,他还对尸体进行了残忍的破坏,而最疯狂的时候,他曾经一夜作案两起,第二次行凶是在大批警察接到报警赶往第一次案发现场的时候进行的,他甚至还给报社和警方寄过至少3封恐吓信。贝尔教授参与了此案的侦破工作,柯南·道尔也曾做出过自己的猜测,但都没有结果。这一案件轰动一时,但为何侦破不了呢?

"开膛手杰克案"有这样几个特征:

1. 凶手和受害者并不认识,没有什么线索能把他们直接联系在一起;

2. 受害者之间互不相识;

3. 伦敦东区环境复杂,人口众多,无论是嫌疑人还是下一个可能受害的人,其数目都是一个很大的数字;

4. 大部分案件都发生在室外,环境干扰因素太多;

5. 当时的警方还没有保护现场和科技鉴证的意识和手段,大批警员和围观者对现场造成了严重的破坏(在一起案件中,凶手在现场的一座墙上写

下了一句话,却被赶到现场的督察长下令抹掉,结果这句话到底说的是什么也出现了两个不同的版本);

6.案发时间一般是夜晚,目击者很少;

7.当地居民都是社会底层,文化程度极低,文盲众多,很难为破案提供有用的线索;

8.当地治安本来就不好,警力也十分薄弱,致使恶性案件频发,有的案件不能确定是不是开膛手杰克所为;

9.案发后,报纸上的猎奇报道很有可能引起其他人对凶案进行模仿;

10.可能有记者为了提高报纸销量,伪造证据和线索。

众多的不确定因素、不知真假的证人证言、说不清是否和案件有关的物证……即便用今天的侦查技术和力量,也很难破获这起案件。就是在这样的情况下,当时苏格兰场的总督察弗雷德里克·乔治·阿柏莱恩带着手下的警探们,开启了艰难的调查工作。通过对受害者及其周围的人际关系进行调查,他们发现:

1.受害者都是身处社会底层的妇女,从事特殊职业;

2.受害者都有酗酒的问题,并且基本都因为酗酒产生了家庭矛盾;

3.受害者都曾经结婚,并生

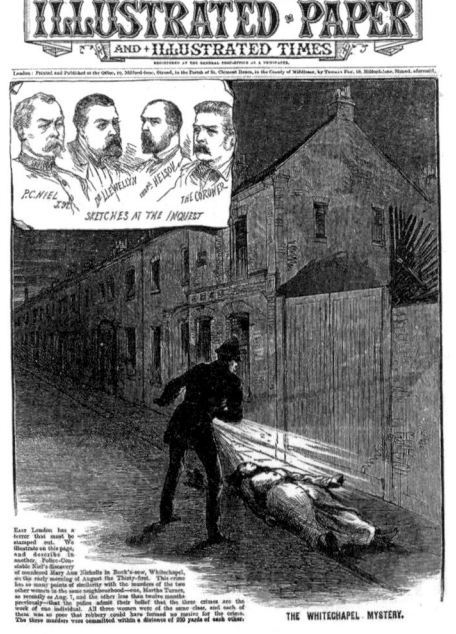

1888年9月8日,英国《便士画报》登载的有关开膛手杰克的相关内容

过孩子；

4.除了一名受害者外，其他人都居无定所；

5.受害者死前都没有剧烈挣扎过，更没有发生过搏斗；

6.大部分受害者在死前都被人目击，处于醉酒状态；

7.受害者死前都曾被人见到和一名30多岁、身材结实、戴帽子、留着小胡子的男性交谈。

通过对凶手的作案手法和时间进行调查，并综合其他信息，他们认为：

1.凶手应该具有充足的解剖学知识，他可能是一名外科医生，或至少接受过外科方面的培训；

2.凶手善于用刀；

3.凶手可能是左撇子，或者左右手都能熟练用刀；

4.凶手拥有一定的体力；

5.凶手有正当工作（他总是周末作案）；

6.凶手应该是单身（他能在午夜出门）；

7.凶手可能在伦敦东区有住所；

8.凶手是一个三四十岁的白人男性，有可能是个外国人；

9.凶手身材偏胖，留着小胡子，但不是社会底层；

10.凶手行事低调，不爱张扬；

11.凶手可能有同伙。

即便警探们总结出了这么多条凶手的特征，却仍然无法锁定凶手的身份，被怀疑是开膛手杰克的人超过200名，上至皇室成员，下至精神病患和其他谋杀案的凶手，就连后来的英国首相丘吉尔的父亲伦道夫·丘吉尔，以及英国童话作家刘易斯·卡罗尔也曾受到怀疑。其中，最著名的一个嫌疑人是维多利亚女王的孙子艾伯特·维克多王子。由于王子的特殊身份，这一猜

1888年9月29日,英国《笨拙》杂志刊载的开膛手杰克的漫画。作者是约翰·坦尼尔爵士,在这张漫画中开膛手杰克被描绘成了幽灵

想受到了很多人的追捧,最终形成了关于"开膛手杰克案"影响最大的一派论点——"皇室阴谋论"。

1888年11月后,开膛手杰克就再没有作案了。1892年6月,苏格兰场宣布停止对开膛手杰克一案的侦办,但人们并未停下追踪真相的脚步。100多年来,研究者们提出了各种猜测,但每种都不能令人信服。新的物证不断出现,可真实性和可靠性很难令人信服,毕竟这些都不是从现场获得的第一手证据。即便有人搬出DNA检验证据,也受到了法医学家们的质疑。有意思的是,福尔摩斯的故事里从未提过开膛手杰克,但他却是福尔摩斯学绕不过去的一个话题,诸多坚定的"福迷"们附会出了各种福尔摩斯智斗开膛手杰克的故事。

开膛手杰克给英国乃至世界造成了极大的影响。文学作品和影视剧无休无止地演绎改编之外,新闻媒体和英国社会也开始关注伦敦东区底层人民的悲惨生活,而和这起案件直接相关的司法工作者们也在反思这个案件的过程中获得了不少经验和教训。

回看阿柏莱恩总督察和他的同事们对开膛手杰克的身份、职业、性格做的推理,虽然它们现在看起来十分薄弱,但却在无意中成了人类历史上第一份心理侧写(又称心理画像)报告。

推理的极致——心理侧写

和普通推理不同,心理侧写是以犯罪心理学为基础的一种犯罪调查方法。对于以追求心理满足为动机的连环杀人案来说,凶手和受害者往往互不相识,凶手选取时间和地点也有一定的随机性,因此很难通过排查受害者的人际关系锁定凶手,但凶手的心理状态异于常人,对此进行分析,并推测他的性格、职业、生活环境、成长背景等,能够获得通过普通刑侦手段无法掌握的线索。

提到心理侧写,我们不得不从一个"炸弹狂魔"说起。时间回到1940年11月7日,一枚炸弹被放在了纽约第67大街联合爱迪生公司的窗台上,上面留有一张字条,写着"联合爱迪生公司的罪犯们,这是送给你们的礼物"。这枚炸弹并没有被引爆,警方侦查了一段时间之后,没有发现任何线索,事情也就不了了之。过了10个月,在纽约市的街道上又发现了一枚炸弹,这枚炸弹依然没有爆炸,警方也没有获得任何线索。

1941年12月7日,珍珠港事变爆发。不久,纽约警方也接到了一封信,信中声称在战争期间他不会制造新的炸弹,但战争结束后他将继续惩罚联合爱迪生公司。这封信的落款是"F.P"。果然,后面很长一段时间里警方再没有发现新的炸弹,尽管他们陆续收到写给联合爱迪生公司、报社、百货商店等多个地方的落款为"F.P"的16封类似的威胁信,但纽约警方还是放松了警惕,他们认为也许这个人不会再放炸弹了,也许他已经死了。

1950年3月25日,一枚炸弹在纽约中央火车站被发现,这可是纽约市人流最密集的场所。但这次炸弹依然没有爆炸,于是纽约警方继续抱着侥幸心理,认为此人只是用炸弹进行威胁,无意引爆造成伤亡。可随后不久,一枚被放在纽约公共图书馆电话亭的炸弹被引爆了,所幸无人受伤。此后的四年里,这个人一口气放了12枚炸弹,炸弹接二连三地爆炸,并开始造成人员受伤。到了1956年12月2日,一枚被安放在派拉蒙剧院的炸弹发生爆炸,此次爆炸造成两人重伤后不治身亡。

在乱扔炸弹的同时,这个"F. P"还十分嚣张地继续到处寄信,甚至把电话打到报社,宣称自己在纽约市放了54枚炸弹,自己之所以这么做是为了讨回公道,因为自己在联合爱迪生公司工作期间发生事故,致使自己的身体永远残疾,而联合爱迪生公司对此没有任何补偿。

1940—1956年,这起案件持续了16年,警方仍一筹莫展,纽约市民对此极为失望,认为纽约警方不过是个摆设而已,一时间,警方感受到了空前的压力。最终,纽约警方找到了有多年精神病人犯罪研究经验的精神病学家詹姆斯·布鲁塞尔博士。

布鲁塞尔博士也是第一次遇到这种工作,以前他都是对精神病人的心理状态进行分析,现在需要他根据犯罪者的行为模式去倒推这个人是谁,这的确是个不小的挑战。但布鲁塞尔博士还是迎难而上,在分析了"F. P"的信件和案情后,他提出了10点推测,认为此人是个四五十岁的男性,身材匀称,外观整洁,看上去礼貌得体,实则狂妄自大,没有朋友,也没结过婚(甚至都没亲吻过女孩子),和年长的女性亲属同住在康涅狄格州,是斯拉夫裔天主教徒,至少上过两年高中,有金属制造和电工方面的技能,患有心脏病。最后,布鲁塞尔博士告诉警方,这个人被捕时应该会穿一件双排扣西装,而且扣得严严实实。

警方虽然对这些判断将信将疑(有可能是完全不信),但病急乱投医,也顾不得那么多了。他们按图索骥,最终在1957年1月抓获了这个"炸弹狂魔"——乔治·彼得·梅特斯基。令人吃惊的是,在警方对梅特斯基表明来意

梅特斯基被警察押解，注意他的双排扣西服（图片来源：美国联合通讯社，1957）

之后，他回到卧室，打好领带，换上了一件双排扣西装，还把扣子扣得严严实实。后来，在对梅特斯基的审讯和调查中，梅特斯基承认自己就是F.P，这个缩写代表Fair Play——公平游戏，而警方则发现布鲁塞尔博士的推断几乎全部说中了——此人是波兰移民，信奉天主教，和两个姐姐居住在康涅狄格州的沃特伯里市，时年54岁，做过电工，曾在联合爱迪生公司工作。

那么，布鲁塞尔是怎么分析出来的呢，总不会是纯靠瞎蒙吧？

布鲁塞尔博士首先判断，梅特斯基可能患有偏执狂，一般来说这种病症在30岁左右会恶化，所以1940年此人第一次放炸弹的时候应该在30岁左右，到了1956年，他应该是一个45岁以上的人了。

梅特斯基寄出的信上笔迹工整，没有涂改，说明他在现实中应该也是个整洁礼貌的人，性格克制，做事认真，身材应该保持得也不错，这些都让他非常自负，但这个人性格内向，而且恪守道德规范，因此没什么朋友。信中的一些措辞表明他热爱母亲,憎恨父亲,因此他可能是和一名年长的女性亲属居住在一起,但这种情结导致他对一般女性没什么兴趣,因此他没有结婚。

梅特斯基的信上文法一丝不苟,但不怎么使用美国俗语,也不符合德语和拉丁语的行文特点。他同时使用炸弹和刀具这两种斯拉夫人常用的武器,因此很可能是斯拉夫裔的第一代或者第二代移民,也就很可能是个按时去教堂的天主教徒。信件全部是从纽约和韦斯特切斯特寄出的,离这两个地方最近的斯拉夫人聚居区就是康涅狄格州。

梅特斯基在信中称自己长期受病痛折磨,于是布鲁塞尔博士推测他可能是得了某种不易治愈的慢性病,心脏病的可能性较大;但实际上梅特斯基患的是肺结核,只不过因为肺结核在20世纪50年代已经能够治愈了,所以布鲁塞尔博士才排除了这个选项。

至于双排扣西服,则是因为当时这种服装已经不再流行,很容易成为保守的偏执狂的穿衣首选。既然他为人保守,那把扣子扣得严严实实也就在所难免了。

严格来说,布鲁塞尔博士的推理并非每一条都特别科学,有些还受到了偏见的影响(比如关于斯拉夫裔的推断),但最终的结果还是令人满意的。其实,心理侧写从诞生至今一直备受争议,主要还是因为这种方法没有一个特别完整的科学理论体系支撑,多数依靠的是直觉和经验。因此,心理侧写得出的结论很难在法庭上作为直接证据。

尽管如此,心理侧写仍然在刑事案件侦查中起着重要的作用。20世纪70年代,美国联邦调查局(FBI)开始将心理侧写应用于案件调查中。1990年著名心理侧写师约翰·道格拉斯担任FBI行为科学组(调查支援组)主管,主持FBI心理侧写研究和侦查。他认为:

行为反映个性。

——《心理神探：我与FBI心理画像术》

这句话是一切心理侧写的基础。心理侧写技术在国外曾经获得过广泛关注，在中国也有这方面的应用实例。20世纪80—90年代，中国湖北省武汉市发生了一起轰动一时的系列持枪杀人案，由于被害人的性别、职业、年龄各不相同，案发时间也有早有晚，警方一时很难从这些案件中发现什么有价值的线索。当时武汉市公安局的一位刘警官对凶手做了一系列心理侧写，内容包括此人的容貌、身高、年龄、家庭、文化程度、感情经历等。1991年，凶手张某落网，他的特征和刘警官的预测吻合程度超过了95%。后来刘警官多次将心理侧写运用于疑难案件的侦破中，摸索出了一套独特的心理学理论。他长期担任湖北省公安心理学高级教官、武汉市公安局首席心理专家，还尝试将心理学运用于和嫌疑人的现场谈判，以及青少年心理咨询和心理辅导上，取得了不俗的成果。

心理侧写也不是万无一失。1996年7月27日，美国亚特兰大奥林匹克公园发生爆炸案，由于当时正处于美国亚特兰大奥运会期间，该事件造成了两人死亡，100多人受伤，影响巨大。FBI是这起案件的侦办主力，他们把注意力放在了33岁的理查德·朱维尔身上，并对他进行了心理侧写。

朱维尔是奥运会的一名安保人员，是他发现了炸弹，报警并帮助疏散游客，但炸弹还是在警察来到之前爆炸了。他的行为让他在爆炸案后成为英雄，也让他迅速成了FBI的怀疑对象。由于朱维尔形象和人际关系不佳，并且有当警察的梦想，FBI据此怀疑他为了出风头，吸引世人目光而策划了这起爆炸案。朱维尔在被FBI调查的同时，也饱受媒体和公众舆论的嘲讽漫骂，并因此丢了工作。直到同年10月26日，美国司法部才宣布朱维尔无罪。爆炸案的真凶埃里克·鲁道夫在2003年被捕，2005年4月13日才认罪，至此，朱维尔身上的罪名才算彻底洗清。这起案件后来被改编为电影《理查德·朱维尔的哀歌》，并于2019年在美国上映。

在这起案件中，心理侧写之所以出现偏差，原因有很多，而公众（包括FBI）对朱维尔先入为主的歧视及由此导致的媒体误导，则是最主要的原因。另外，FBI调查不足，证据掌握不充分，也起到了一定的负面作用。它也间接证明了福尔摩斯说过的那句话有多么正确：

> 没有掌握全部证据就妄下判断，这是致命的错误。那样就会使判断产生偏差。
>
> ——《血字的研究》

科学推理

推理不仅表现在生活中，也应用于科学研究之中。第一位将演绎推理带入科学中探讨的是古希腊的亚里士多德，但由于时代所限，他提出了诸如"体积相同的两个物体，较重的下落得较快"，"凡运动着的物体必有推动者在推着它运动"等错误观点。直到文艺复兴和启蒙运动时期，人们重新审视和思考这些理论的时候才发现：

> 一切推理都必须从观察和实验中得来。
>
> ——伽利略

伽利略推崇观察和实验的作用，观察结果和实验数据为科学研究中的演绎推理提供"真命题"，帮助科学家们获得正确的结论。为了更方便有效地进行观察和实验，他发明了包括望远镜在内的很多观察和测量仪器，并使用数学方法进行演绎推理，科学研究终于摆脱了唯心主义和形而上学的控制，近代科学诞生了。

我们在第一章里提到了海王星的发现,这一案例可以看作演绎推理在科学上的经典应用。1821年,法国天文学家、巴黎天文台台长亚历克西斯·布瓦尔出版了《天王星星表》。布瓦尔擅长数学,这个星表是他在经典牛顿力学和前人观测的基础上计算出来的,其中对未来天王星的运动轨迹做出了预测。天文学家在后来的观测中发现,天王星的运动轨迹和布瓦尔的预测之间存在偏差,而且这个偏差随时间推移变得越来越大,令人无法忽视。饱受困扰的天文学界对这个偏差的来源进行了种种推断,英国的约翰·柯西·亚当斯和法国的勒维耶都认为:天王星轨道出现偏差,要么是因为牛顿力学有误,要么是因为布瓦尔计算出错,要么是因为前人的观察存在严重误差,要么是因为那存在一颗没有被发现的行星,它的引力导致天王星的运动轨迹发生了偏离(前提A)。而牛顿力学已经被反复验证,不可能有错;布瓦尔是一位擅长数学计算的人,他的计算也经过了反复演算;前人的观察由多个天文台独立进行,不可能全都出现错误(前提B)。所以,很有可能是存在一颗没有被发现的行星(结论)。

于是,两位科学家各自独立进行了大量的计算,他们都计算出了这颗未知行星的可能位置,但亚当斯的计算结果并没有得到英国天文学界的重视,而勒维耶向柏林天文台提交了自己的计算结果后,柏林天文台很快便依据他的计算结果找到了海王星,英国人痛失了发现海王星的机会。

海王星的发现表明,推理为科学研究提供了一种可能:当仪器和测试手段受限,无法通过观察获得第一手材料的时候,通过推理和计算对假设进行验证,也可以获得新的科学发现。后来,电磁波的发现也证明了这一点。英国物理学家詹姆斯·克拉克·麦克斯韦在前人研究的基础上(特别是英国物理学家迈克尔·法拉第的电磁学理论),将电磁场理论用简洁、对称完美的数学形式表示出来,并据此于1865年预言了电磁波的存在,认为电磁波只可能是横波,并推导出其传播速度等于光速,同时得出光是电磁波的一种形式的结论。1888年,德国物理学家海因里希·鲁道夫·赫兹利用自己设计的一整套实验验证了电磁波的存在。今天,电磁波已经被广泛应用于无线通信、遥控、遥感、微波加热和杀菌等领域。虽然现在科学的观测手段等早已今非昔比,但其仍然无法赶上科学理论的发展速度,科学研究已触及更多人类活动和观测手段无法到达的领域,推理在科学研究中的作用就更重要了。

在科学研究的历史上,同样有一些因为错误推理导致与重大发现失之交臂的例子。1801年,墨西哥化学家安德烈·曼纽尔·德·里奥在墨西哥的一种铅矿样品中发现了一种新的元素。因为这种元素和酸发生化学反应后会呈现出红色,所以他将其命名为"爱丽特罗瓦"(Erythronium),意思是"红色"(这个英文单词在植物学中的意思是"猪牙花属")。但当他的样本被送到巴黎后,一位法国化学家说这只不过是受到污染的铬,于是德·里奥便收回了自己的想法。

1830年,德国化学家弗里德里希·维勒和瑞典化学家尼尔斯·加布里埃尔·塞夫斯托姆也发现了这种新元素。遗憾的是,维勒当时因为氟化氢中毒不得不暂停了工作,最终由塞夫斯托姆提出并确认发现了这种新元素的存在。因为其化合物艳丽多彩,塞夫斯托姆用北欧神话中美的女神凡娜狄斯的名字(Vanadis)给它命名为钒(Vanadium),元素符号为V。一年后,维勒确认了德·里奥发现的爱丽特罗瓦就是钒。

塞夫斯托姆发现钒,以及维勒确认了爱丽特罗瓦就是钒的时候,德·里奥还在世,我们不清楚他听到这两个消息时会有何感想,但我们知道维勒在和钒的发现失之交臂后非常懊恼,他为此给贝采里乌斯写信倾诉,而贝采里乌斯则写了下面这个小故事安慰他:

在遥远的北方,有一位名叫"钒"的女神。一天,她正坐在桌旁,听见有人敲门,但女神没有马上去开门。没想到那个人敲了两下,见屋里没动静,就转身走了。女神走到窗前,看见敲门人的背影,心想:原来是维勒!他空跑一趟是应该的,如果他能再多坚持一会儿,就会被我请进来了。在这之后不久,又有一个人来敲门。这个人和维勒不同,他耐心而又热烈地敲了很长时间,女神只好把门打开,请他进屋。这个人就是塞夫斯托姆,他发现了"钒"。

钒的发现可谓一波三折,德·里奥一开始认为自己发现了这种新元素,但他没有充分的证据,不能证明自己的观点。

	法国科学家收到样品后的推理	德·里奥知道法国科学家的结论后又推理
前提	样品是红色。 有些含铬的化合物是橙红色。	法国科学家是正确的。 法国科学家说这不是新元素。
结论	这个样品是含铬的化合物。	这不是新元素。

法国科学家的推理显然非常牵强,但德·里奥却选择了盲从,这也许是因为客观条件限制让他无法找到更多的证据,也许是因为他觉得法国科学水平更高,法国科学家更权威,但不管是什么原因,他错失了机会却是事实,也让钒的发现被推迟了将近30年。

相比之下,维勒和塞夫斯托姆做的工作更多,但维勒只是"敲了两下"就离开了,而塞夫斯托姆用大量的实验结果为自己的结论提供了坚实的基础,让自己推理的前提变得非常充分。因此,无论何时,只要提到钒的发现者,都非塞夫斯托姆莫属,留给德·里奥和维勒的更多的是遗憾。

类似的事情也发生在尤斯图斯·冯·李比希的身上。1825年,他受一个商人的委托,鉴定一瓶红棕色液体,这瓶液体是从海产加工厂的废液中收集来的。当时李比希简单看了看这瓶液体,就断定它是一种叫氯化碘的化合物。然而，1826年，一位叫安东尼·杰罗姆·巴拉尔的法国化学家宣布自己发现了一种新元素，巴拉尔把这种新元素命名为Murid，这个名字被法国科学院改成了Bromine，也就是溴，它的单质是目前已知的在常温常压下为液态的唯一一种非金属单质。此后不久，德国人卡尔·雅各布·罗威也宣布自己发现了溴元素。当李比希看到巴拉尔关于溴元素的论文《海藻中的新元素》后，猛然想起了那瓶"氯化碘"。他找出这瓶液体，重新进行了分析，发现这正是巴拉尔发现的那种新元素。懊悔之余，李比希把这瓶液体放进一个柜子，然后在柜子上贴上"错误之柜"的标签警示自己。

如果分析一下李比希的推理过程，我们就能知道他为什么会犯这样的错误了。

前提	氯化碘也是一种红棕色液体（温度低于27℃时是黑色晶体），这种物质是红棕色液体。
	液体氯化碘的密度是3.2g/cm³，这种物质的密度是3.1g/cm³，和氯化碘非常接近。
	氯元素和碘元素在海洋中的含量非常高，这瓶液体来自海产品加工厂的废液。
结论	这是氯化碘。

李比希在这里使用了归纳推理，在前面，我们说过，归纳推理是一种或然推理，通过这种推理，李比希最多只能得出这种物质可能是氯化碘的结论，但他把"或然"当成了"必然"，"可能"当成了"一定"，结果痛失机会。其实他当时是有条件进行进一步分析的，哪怕他打开瓶子稍稍闻一下，也能知道这种物质的气味和氯化碘差别很大（氯化碘有氯气和碘单质的气味，溴单质则很刺鼻），但李比希只是看了一眼就匆匆得出结论。而巴拉尔尝试着使这种物质分解，虽然没有成功，但发现它和氯化碘的性质完全不同，氯化碘是一种很容易分解的物质。因此，巴拉尔得出结论，这种物质和氯化碘不是一种东西，经过后续研究，他终于发现这是一种新元素。

推理能力小练习

介绍了那么多推理方法及案例,接下来,我们用生活中可能会遇到的例子,检验一下大家的推理能力如何。

有6个小学生——小明、小美、小萌、小琪、小轩、小哲,共同参加了一次考试。他们对这次考试的结果很重视,在考试成绩还没公布之前一起去找张老师,想知道自己考了第几名,而张老师没有直接告诉他们结果,只是笑了笑说:

1. 小明在小哲后面一名。

2. 小美的名次是偶数。

3. 小萌不是第一名,也不是最后一名。

4. 小琪的后三名里面没有小萌,前面一名也不是小哲。

5. 小哲比小萌落后两名。

好了,现在到你了,希望你能化身"福尔摩斯",通过张老师给出的线索,帮助6个小朋友搞清楚他们是第几名。

答　案

首先,我们看第4条,从"小琪的后三名里面没有小萌,前一名也不是小哲",我们首先可以得到的一个结论是:小琪可能是第二或第三名。

如果小琪是第二名,再看第4条,那么小萌就是第一名或第六名,但这和第3条冲突,所以小琪是第三名。

既然小琪是第三名,通过第4条,我们可以判断出小萌是第二名。

通过第5条,我们可以知道,小哲是第四名。

再结合第1条,我们就可以分析出小明是第五名。

这时再结合第2条,我们就可以分析出小美是第六名。

综合以上,小轩是第一名。

第三章
福尔摩斯和密码学

)

提起"密码",我们的第一感觉是什么?熟悉,太熟悉了!想想看,在我们的身边,手机有锁屏密码,电脑有登录密码,银行卡有查询密码和取款密码,密码锁、密码箱、带密码的保险柜也常出现在我们生活中的各个场景,有意思的是,当我们走进书店,还会看到一大堆和密码有关联的书,什么"身体密码""健康密码""哲学密码""易经密码",就连近几年大火的美国作家丹·布朗创作的长篇小说《达·芬奇密码》也贴上了"密码"二字。虽然每天我们都会遇到或用上很多"密码",但实际上它们中很多根本不是密码。什么是密码?下面让我们一起走进精彩的密码世界,了解何为密码,并尝试运用或破解密码。

此密码非彼密码

密码与口令

我们平时所说的密码含义非常宽泛,你可以把它理解为一切搞不清楚的东西,如果只考量文字本身的含义的话,我们会发现"密码"是一种保密用的符号,或者说是一种秘密符号。比如,开篇时我们提到的银行卡密码,它是由银行卡的主人(这里的"人"并不一定是指自然人)和银行约定的,通常它是一串数字。再比如,我们在谍战片中经常会看到的一种场景,一个间谍给另外一个间谍一张纸,而纸上写的东西只有他们能看懂,别人完全理解不了。在这里,纸上的文字也是一种"密码"。

这两种"密码"是一回事吗?其实不是。第一种密码(还包括手机密码、电脑密码、密码锁等)只是"口令"(Password),它的作用是身份验证,也就是说,只有正确地输入这些口令,你的手机、电脑等才能知道是你本人在操作,才会让你顺利地开启和使用它们。第二种密码才是密码学中真正的"密码"(Cipher Code),也是本书后面要讲的密码,它起到的作用是传递需要保密的信息。

传递需要保密的信息有很多办法。比如,我们寄信的时候会把信件装进信封内,目的自然是为了防止他人看到信的内容,这当然是一种保密手段,但这种办法的保密性并不算好,毕竟拆开信封就能看到里面的内容。再比如,有一种传统的保密方法叫作"密写",用某种特殊的墨水在纸上写字,写完之后看不出上面有字,必须经过某种特殊手段才能让字迹显现。在《六个墨水瓶》的故事里,列宁被沙皇政府逮捕关在一间狭小的单人牢房中,他在狱中仍坚持学习,让家人送来很多书,他一边读书一边在书页的空白处用牛奶写字,牛奶干了之后什么也看不出来,书送到外面后,他的同志把书在火上一烤,字迹就会显现出来。另外,米汤也是一种传统的密写材料,用它在纸上写字,字迹干了之后也看不出来,但如果在纸上涂上碘酒或者碘酊,就会显现出紫色的字迹,这是因为米汤中的淀粉能和碘发生化学反应变成紫色。

密码所起的作用和上面的例子差不多,使用密码写的信或者说的话是那些不相干的人(也就是"约定的人"以外的那些人)看不懂也听不懂的,但密码不是通过隐藏字迹保密的,它是将"人人"都能看懂的文字转换成只有"约定的人"才能看懂的文字。

是不是还是有点儿糊涂?没关系,咱们可以再举个具体的小例子来详细说说"口令"和"密码"到底是怎么回事。

《林海雪原》是著名作家曲波创作的一部关于解放战争初期东北剿匪战斗的长篇小说,书中的"智取威虎山"一段更是脍炙人口。这个故事里有一个很有趣的小片段,侦察英雄杨子荣化装成土匪打进惯匪座山雕的老巢,见到座山雕时,杨子荣和他进行了一场很有意思的对话:

座山雕:天王盖地虎。

杨子荣:宝塔镇河妖。

座山雕:脸红什么?

杨子荣:精神焕发。

座山雕:怎么又黄啦?

杨子荣:防冷涂的蜡。

座山雕:好叭哒。

杨子荣：天下大大了。

这段对话是如此出名，以至于被无数次地引用，不管是文艺作品还是普通人的日常闲谈中，都能发现它的影子。那么这短短的8句话是什么意思，杨子荣和座山雕为什么要进行这样的交流呢？

其实，小说中已经交代过，杨子荣和座山雕讲的是土匪之间常说的"黑话"。所谓"黑话"，是指一些地下团体创造的一套语言。这些团体创造黑话的目的有三：1.自己能听懂；2.别人不明白；3.判断对方和自己之间是敌是友。座山雕是一个惯匪，他作恶多端，到处结仇，为了能让自己顺利地作恶，同时避免仇家寻仇和官府打击，自然需要这样一套语言来进行交流。座山雕要和杨子荣如此对话，主要是在确认对方的身份，如果杨子荣能和自己说一样的黑话，自然也和自己一样是个土匪，是可以合作的"伙伴"。这种情况下，这里的"黑话"起到的是"口令"的作用。另外，两个人的对话也是在传递一些信息。座山雕说"天王盖地虎"，意思是"你好大的胆，竟然敢来招惹我"，杨子荣回答"宝塔镇河妖"，意思是"要是那样，叫我不得好死"。座山雕说"好叭哒"，意思是"你是个内行"，杨子荣说"天下大大了"，意思是"不吹牛，我也闯过天下"。至于中间的几句，并没有实际意义，完全是在考验杨子荣的心理和对"黑话"的熟悉程度。我们设想一下，假如两个人对话时并不是在匪巢，而是在茶馆或者饭馆中，那他们说的是不是只有自己能听懂，周围的普通人完全不知道两个人在说什么？如果他们是在密谋做坏事，是不是即使别人听到了也完全理解不了？这就是"密码"的作用。回过头来看，口令是用作身份认证的，而密码是用来传递保密信息的，在这个故事里二者的功用展现无遗。

明文与密文

现在我们了解了,密码就是一种别人搞不懂的语言,但这种语言里包含着使用密码的人能搞懂的含义。

这种别人能搞懂的含义叫作明文,别人搞不懂的语言叫作密文。打个比方来说,明文就像一个谁都能把它拿走的宝物,而密文就像一个被放进箱子、箱子外面还上了把锁的宝物,这把锁和配套的钥匙就是密钥,有了密钥,我们既可以把宝物放进箱子,也可以把宝物从箱子里拿出来。把明文变成密文,就是把宝物放进箱子的过程,我们称其为"加密",把密文变成明文,也就是打开箱子把宝物拿出来的过程,叫作"解密"。大体上,密码的使用过程如下图所示:

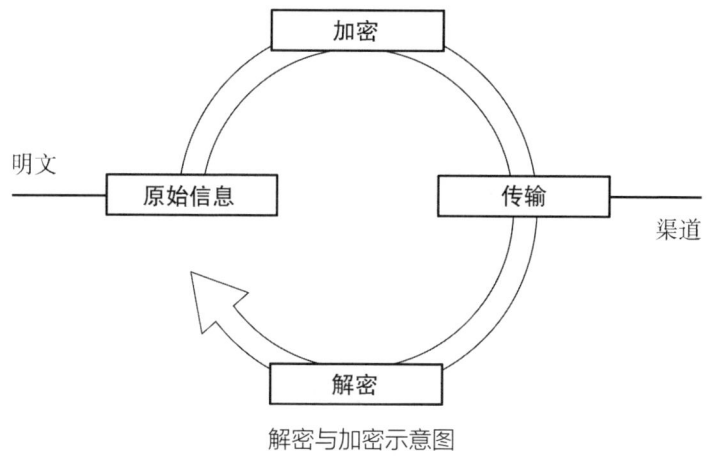

解密与加密示意图

首先发送消息的人使用"密钥"对原始信息(也就是"明文")进行"加密",得到"密文",然后把"密文"通过某种渠道传递给接收消息的人。接收者获得消息后,再使用"密钥"对"密文"进行"解密",获得"明文",就知道他接收到的消息在说什么了。

可见,密钥特别重要,掌握密钥的人既可以加密也可以解密,既可以把这个宝物锁起来,也可以把那个宝箱打开,而不掌握密钥的人只能望"锁"兴叹。

对于密钥的使用,我们可以设想以下两个情景。

第一个情景:发送者手里有一把钥匙和一把锁,他把宝物放进箱子后,把锁挂在箱子上,然后用钥匙把锁锁上。接下来,他叫来快递员帮他把箱子送到接收者手里,接收者手里有一把钥匙,这把钥匙和发送者手里的那把一模一样,他收到箱子之后,用钥匙打开箱子上的锁,拿到了箱子里的宝物。

第二个情景:发送者手里有一把锁,这把锁不需要用钥匙上锁,发送者把宝物放在箱子里,然后把锁挂在箱子上,一按,就锁上了。接下来,他叫来快递员帮他把这个箱子送到接收者手里。接收者手里有一把钥匙,他用这把钥匙打开箱子上的锁,拿到了箱子里的宝物。

在第一个情景中,上锁和开锁的都是钥匙,这两把钥匙一模一样。如果把这种方式用在加密和解密上,就是加密用的密钥和解密用的密钥一模一样,两把密钥是对称的,这种密钥叫作对称密钥。

在第二个场景中,上锁用的是锁头,开锁用的是钥匙,锁头和钥匙完全不同,相当于加密的密钥和解密的密钥有一定关系,但看上去完全不同,一点儿也不对称,这种密钥叫作非对称密钥。

传统的密钥都是对称密钥,这种密钥容易加密,也容易解密,但是保密性不高。设想一下,在第一个场景中,要么发送者和接收者手里各有一把钥匙,要么发送者和接收者只有一把钥匙,发送者还得专门给接收者快递这把钥匙,无论哪种情况,都会增加钥匙被人截获,或者被人偷走的风险。前面我们提到的土匪之间说的特定含义的"黑话"就是一种最简单的用对称密钥加密的密码,杨子荣就是在之前闯江湖和侦查过程中搞清楚了密钥,最终破解了密码。

非对称密钥是美国数学家和密码学家惠特菲尔德·迪菲和马丁·爱德华·赫尔曼在1976年提出的加密技术,这种加密技术的最大特点就是复杂,加密和解密已经不能通过人工方法来完成,必须依赖计算机,保密性能更为突出。非对称密钥技术能够诞生,正是得益于第二次世界大战之后计算机技术的快速发展。与上面的非对称密钥情景相对应,锁代表的密钥被称为"公钥",钥匙代表的密钥被称为"私钥"。在整个加密和解密的过程中,公钥是发送者和接收者共享的,私钥则是接收者自己持有的,发送者也不知道私钥是什么,这就最大限度地保证了私钥的安全。公钥和私钥之间有一定的关系,但这种关系是一种非常复杂的数学运算关系,如果完全不掌握公钥和私钥的算法,用计算机从头开始分析计算,可能要好几百年的时间才能搞清楚私钥到底是什么。

破解密钥

密码的用途很广泛,商业、军事、外交、政治领域里都会用到密码,我们的日常生活中也不排除使用密码的可能性。密码很重要,它能在使用者和无关人员之间筑起一道无形的城墙,保护墙里的安全,阻挡来自墙外的攻击。然而,就像那些城外的人渴望攻进城里一样,不掌握密钥的人也特别渴望得到密钥,以便掌握他们所不知道的信息。

回到我们那个箱子、锁、钥匙、宝物的情景比喻,在没有密钥的情况下把密文搞成明文,就如同在没有钥匙的情况下打开箱子上的锁,这种情况下该怎么办呢?一种方法自然是暴力破坏,要么把锁砸了,要么把箱子砸了;另一种方法是想办法给自己搞一把能开锁的钥匙。第一种办法对于实实在在的箱子和锁是行得通的,但是对于密码这道无形的屏障来说却完全没有办法,显然第二种办法才是可行之道。搞到密钥,解开密码,这个过程就叫作

"破解"。

搞到密钥的办法有很多,第一种方法最直接,哪里有密钥,就去哪里把它偷出来好了。这种方法看似简单,却有很高的风险,毕竟密钥是特别重要的东西,一定会被严密看守,冒险去偷就有被捉住的风险,而且就算偷出来了,使用者一旦发现密钥泄漏,就会废除旧密钥,启用新密钥,这样破解者就前功尽弃了。

第二种方法很安全,就是猜,或者说"蒙",就像手里拿着一大把钥匙(这里面甚至可能还混有一些连钥匙都算不上的东西)一个一个试,看看到底哪把钥匙能开锁。这种方法最大的问题就是费时费力,而且不见得能有好的结果,既不知道多久能打开,也不知道到底能不能打开。很有可能根本就找不到开锁的钥匙,也有可能好不容易找到钥匙,结果箱子里的宝物已经"坏掉了"(毕竟密码传递的信息都是有时效性的)。

第三种方法是算,就如同一个开锁师傅懂得锁和钥匙的原理,能够用这种原理去分析他面对的锁一样,如果你懂得一些加密或者解密的规律,你可以试着用这些规律去分析你面对的密码。当然,随着密码难度及复杂度越来越大,一个人的力量还是太小了。现在有一门专门研究密码的科学,叫作密码学。密码学家天天研究加密方法,掌握了很多加密和解密的规律,而且他们把数学方法和计算机技术用在密码上,使得破解的速度和准确率大大提高。

福尔摩斯和密码

福尔摩斯的故事中有许多与密码有关,这不,他经办的第一个案子就碰到密码了。当时福尔摩斯还在上学,有一个特别好的朋友维克托·特雷弗。

特雷弗的父亲老特雷弗是个治安官,有钱有势,体格结实,但他在收到一封信之后,变得失魂落魄,突然中风,不久便死去了。这封要了老特雷弗命的信是这么写的:

The supply of game for London is going steadily up (it ran). Head keeper Hudson, we believe, has been now told to receive all orders for fly-paper and for preservation of your hen-pheasant's life.

字面意思是:伦敦野味供应正稳步上升。我们相信总管赫德森现已奉命接受所有粘蝇纸的订货单,并确保你的雌山鸡的生命。

华生第一次看到这封信,顿时觉得一头雾水。福尔摩斯也承认,他刚看到这封信的时候也摸不着头脑。不过,福尔摩斯毕竟是福尔摩斯,他又看了一遍后,意识到:这些奇怪词组里隐藏着一些秘密(《格洛里亚斯科特号三桅帆船》)。

福尔摩斯仔细研究之后,发现这封信里有一个人名——赫德森,而跟老特雷弗有关系的人中确实有个叫赫德森的,这似乎暗示着写信的人是把他真正想说的话隐藏在了这封信里。接下来,福尔摩斯试着把这封信倒过来读,结果大失所望,他又试着隔一个词一读,依然没有任何意义。突然,他发现从第一个词开始,每隔两个词一读,这封信就变成了:

The game is up. Hudson has told all. Fly for your life.

意思是:一切都完了,赫德森已全部检举,你赶快逃命吧。于是,这封信一下子变成了一封警告信,也难怪老特雷弗看到这封信后会产生那样的反应。福尔摩斯解释说,"总管""雌山鸡"这些词并没什么特别意义,因为写信人一定是先写好了明文,然后再在明文中插入其他词,这些词都是先出现在脑海中的词,赫德森的身份原来就是"总管",而"雌山鸡"这个词有可能是在暗示写信者是个热衷于打猎,或者喜爱饲养家禽的人。这一说法立刻得到了证实。

故事中没有解释用括号括起来的"it ran"有没有什么特殊的含义,但我们可以猜想一下,这两个单词很有可能是个提示,暗示收信者读信的时候要每隔两个单词一读。

还有一个故事很有意思。某一年的1月7日早上,福尔摩斯收到了一封奇怪的信,信的内容是这样的:

534 C2 13 127 36 31 4 17 21 41

DOUGLAS 109 293 5 37 BIRLSTONE

26 BIRLSTONE 9 47 171

福尔摩斯判定,"非常明显,这些文字是想用来传达秘密信息的"(《恐怖谷》)。

福尔摩斯之所以这么说,是因为他认出了这封信的字迹出自一个叫波尔洛克的人。这个人是莫里亚蒂犯罪集团的一员,波尔洛克只是他的化名。他虽然和莫里亚蒂教授之间的关系很近,却还有一点儿起码的正义感,并给福尔摩斯送过一两次情报。现在,他给福尔摩斯写这样一封信,一定是有重要的事情要告诉福尔摩斯,而且这件事绝对不能让别人知道。

华生听福尔摩斯解释完,居然傻乎乎地问,为什么波尔洛克不指出密码本是什么呢?福尔摩斯只好解释说,要是把密码信和密码本(也就是密钥)放在一个信封里,万一投递错误,就败露了。把密码信和密码本分开投递,只有两封信都出了岔子才会出乱子。说到这儿,他信心满满地认为装着密码本的那封信马上就要寄到了。果然,没过几分钟,第二封信就到了,可等福尔摩斯打开这封信后,却大失所望。原来波尔洛克临阵退缩,不打算继续帮忙了,密码本自然也就没送过来。

福尔摩斯失望之余并不甘心,他手里已经有了密码信,若因为没有密码本而放弃,那不是他的风格。福尔摩斯仔细研究了一下这封信,首先,他判断这封信里的数字指的是某本书某页上的某个词,信上写着DOUGLAS和BIRLSTONE,是因为这两个词在书上没有,只好直接把明文写了上去。以此为出发点,先来推断第一串数字534的含义。福尔摩斯假设534是密码出处的页数,如果是这样,福尔摩斯要找的就是一本很厚的书了。

　　C2是什么意思呢?在英语里,和书籍印刷排版有关的以C打头的单词有两个,一个是Chapter(章),一个是Column(栏)。这里的C是哪个呢?福尔摩斯认为,既然指出了页码,章数就无关紧要了,而且,如果534页还在第二章,那这本书的第一章也太长了。既然如此,C就应该是栏了,也就是说这本书应该是分两栏印刷的。信中有一个数字293,那么书中每一栏应该都特别长,至少有293个单词。

　　现在,福尔摩斯分析出了密码本是一本特别厚的书,分两栏印刷。如果这本书很少见的话,波尔洛克应该很早就把这本书寄给福尔摩斯了,但他一直没有寄,只是想在信件里告诉福尔摩斯是哪本书,这就说明这本书一定很常见,他手里有,福尔摩斯手里也有。

　　是哪本书呢?华生说了一个答案——《圣经》。确实,《圣经》在当时的英国是一本很普通的书,人人手边几乎都会有一本,而且《圣经》也确实是分两栏印刷的。但福尔摩斯否定了这个答案,波尔洛克毕竟是莫里亚蒂教授的党羽,这些人作恶多端,怎么能指望他们手头有《圣经》呢?而且,《圣经》版本众多,波尔洛克怎么知道福尔摩斯手里的这本就和他手里的那本一模一样呢?所以,密码本应该是一本版本统一的书。

　　接下来,华生又提出一种可能——萧伯纳(英国著名剧作家)的著作,但福尔摩斯认为,萧伯纳著作中的词汇量有限,从中很难选择足够的词语用来传递普通信息，因此这个猜测也不对。基于同样的理由，福尔摩斯把字典也排除了。

随后，华生又想到了一种可能——年鉴。年鉴是一种工具书，它的内容是上一年度里发生的某一领域的所有事件、文献和统计数据。英国最好的年鉴是出版家约瑟夫·惠特克于1868年创刊的《惠特克年鉴》，它收录的内容上至天文，下至地理，还包括英国和其他国家的政治、经济、科技等方面的情况。很多英国人都会订阅这本年鉴，对情报特别重视的福尔摩斯自然也不例外，波尔洛克手里很有可能也有这本年鉴（别忘了莫里亚蒂教授的组织以犯罪为工作和谋生手段）。

于是，福尔摩斯拿起手边最新的一本《惠特克年鉴》，翻到第534页，在第二栏上开始寻找。这一栏的第13个单词是"Mahratta"，福尔摩斯看到这个单词，心凉了一半。这个单词是个印度地名——马拉塔，莫里亚蒂的阴谋会和印度扯上关系吗？这种想法未免也太让人心里没底了。第127个单词是"Government"——政府，这个词让福尔摩斯稍微有了点儿信心，毕竟这是个稍微有点儿意义的词。下一个词（第36个单词）是"pig-bristles"——猪鬃，哎呀，这下彻底走进死胡同了。马拉塔、政府、猪鬃，无论是谁都看不出这三个单词有什么特殊意义。

福尔摩斯失望地待了一会儿，忽然又有了灵感。他奔向书橱，又找了另一本年鉴，嘴里还大声说："华生，太时新让我们吃了大亏。"

为什么福尔摩斯这么说呢？因为那天是1月7日，他们看的年鉴是刚刚买来的，但波尔洛克很有可能是用一本旧年鉴写的这封信（当时的邮政系统速度很慢，一封信在路上走一个多星期，甚至半个月、一个月也很常见。一个星期之前，还没进入新年，新年鉴还没出来呢）。福尔摩斯这次找到的是一本去年的年鉴，他把它翻到534页，看着第二栏，找到第13个单词，是

"There"，哎呀，现在有希望得多了。第 127 个单词呢？是"is"，这就更妙了，因为"There is"是一个固定搭配词组，意思是"有"。第 36 个单词是"danger"——危险，你看，这封信看上去像个犯罪预告了吧。按照福尔摩斯的方法，把这封信翻译（解密）过来就是：

  There is danger may come very soon one

  Douglas rich country now at Birlstone

  House Birlstone confidence is pressing

对应的意思是：确信有危险将降临到一个乡绅道格拉斯身上，此人现住在伯尔斯通村伯尔斯通庄园，火急。

这封信没有标点符号，还把 Confident 写成了 Confidence，但福尔摩斯认为这都不是问题，因为在一页书的一栏中找不到足够的单词是很正常的，所以会出现找不到 Confident（用 Confidence 代替）的情况（更不用说直接写成明文的 DOUGLAS 和 BIRLSTONE 了）。这封密码信已经明确地传达了它要传达的信息，这就足够了。

福尔摩斯故事里最经典的密码题材故事要数《跳舞的小人》了，在这个故事里，福尔摩斯的委托人丘比特先生的妻子埃尔茜（ELSIE）收到了一封信，她读完之后，脸色变得煞白，立刻就把信扔到火里烧掉了。心存疑虑的丘比特先生随后又在自己家里发现了一些画着小人形象的字条，以及用粉笔画在窗台、房门等处的小人形象，这些小人形象姿态各异，就像是在跳舞一样。丘比特先生一共发现了 5 次这种小人，它们分别是：

丘比特先生把这些古怪的图案誊写在纸上，交给福尔摩斯。福尔摩斯经过研究之后，首先确认这是5封密码信，第三封信写在工具房的门上，过了一天之后，第四封信出现在了第三封信的下面，所以，可以猜测第四封信是对第三封信的回复。

接下来，福尔摩斯分析，这些信中的每一个小人应该代表一个英文字母，而且，他较有把握能猜出E来，因为：英文字母中E是最常见的。

这并不是福尔摩斯或者柯南·道尔的首创，在此之前，爱伦·坡在他的经典小说《金甲虫》中就让主人公利用这一点破解了一位海盗船长的密码。

以此为起点，福尔摩斯开始了他的密码破解之旅。

首先，在这5封信中，福尔摩斯发现 🯅 出现的次数最多，有15次，所以他判断这个小人代表E。接下来，他发现这些信中有的小人举着旗子，而这些旗子隔几个小人就会出现一次，最少时只隔了2个小人，最多时隔了7个小人，常用的英语单词由2—10个字母组成（不考虑A、I这种只有一个字母的单词），所以，他猜测旗子可能是用来分隔单词的。于是上面的5组图案分别对应以下内容（未猜出的部分用"_"表示）：

1: _ _ _ E _ E _ _ E _ _ _ _ E _

2: _ _ E _ _ _ _ E _

3: _ _ _ E E _ _ _ E

4: _ E _ E _

5: E _ _ _ E _ _ E _ _ _ E _ _
   _ E E _ _ _ _ _ _ _

再看第四封信上，这封信只有5个字母，没有小旗子，福尔摩斯猜测这封信上只有一个单词。一个由5个字母组成的单词，第二个和第四个字母都是E，这个单词有可能是SEVER（切断）、LEVER（杠杆）或者NEVER（决不），仔细推敲之下，NEVER的可能性最大，因为这封信是对前一封信的回答。我们姑且假定 🕺代表N，🕺代表V，🕺代表R。现在结果如下：

1: _ _ _ E R E _ _ E _ _ _ N E _

2: _ _ E _ R _ _ E _

3: _ _ _ E E _ _ _ E

4: N E V E R

5: E _ _ _ E _ R E _ _ R E _ _
   _ E E _ _ _ _ _ _ _

破解到这里，福尔摩斯仍然觉得困难非常大，这时他又冒出了一个念头，如果这封信是写给丘比特夫人的，那么信中应该会有这位夫人的名字——ELSIE。接下来，他开始寻找一个由5个字母组成，首尾都是E的字母，结果在第三封信的末尾和第五封信的开头发现了这个组合，于是，他判断🕺代表L，🕺代表S，🕺代表I。那么5封信就变成了下面这种情况：

1: _ _ _ E R E _ _ E S L _ N E _

2: _ _ E L R I _ E S

3: _ _ _ E E L S I E

4: N E V E R

5: E L S I E _ R E _ _ R E _ _
_ E E _ _ _ _ _ _ _

第四句是NEVER，表示否定和拒绝，第三句应该是对ELSIE的请求，前一个单词应该是个表示请求的动词，由四个字母组成，以"E"结尾。福尔摩斯考虑再三，认为这个词是COME的可能性很大，所以 🯅 应该代表C，🯅 代表O，🯅 代表M。

福尔摩斯还注意到，🯅 出现得也很多，在第一封信中就出现了三次。英语由26个字母组成，其中有5个元音字母，就是A、E、I、O、U，这5个字母的使用频率比另外21个字母高很多，A和E的使用频率又比另外三个字母高，U的使用频率最低。现在E、I、O都被破解出来了，🯅 代表A的可能性很大。既然如此，我们姑且认为这个字母就是A。谜底正在一步步被揭开，空白部分越来越少了：

1: A M _ E R E A _ E S L A N E _

2: A _ E L R I _ E S

3: C O M E E L S I E

4: N E V E R

5: E L S I E _ R E _ A R E _ O
M E E _ _ _ _ O _

显然，能跟在AM后面，由四个字母组成且后三个字母是ERE的单词，就只有HERE了，所以 🯅 应该代表H。这时我们可以判断出，第一句的后两个单词明显是个人名，放在这里是为了向收信人表明身份。其中第一个单词由三个字母组成，第一个字母是A，第三个字母是E，符合这个特点的人名是 ABE，也就是说，🯅代表 B。

现在，剩下的空白就很少了。对于第二封信里的两个字母，福尔摩斯认为只有把 T 和 G 填进去才有意义，也就是说，🯆代表 T，🯇代表 G。目前破解的结果如下：

    1:<u>A M</u> <u>H E R E</u> <u>A B E</u> <u>S L A N E</u> _

    2:<u>A T</u> <u>E L R I G E S</u>

    3:<u>C O M E</u> <u>E L S I E</u>

    4:<u>N E V E R</u>

    5:<u>E L S I E</u> _ <u>R E</u> _ <u>A R E</u> <u>T O</u>

       <u>M E E T</u> <u>T H</u> _ <u>G O</u> _

接下来，福尔摩斯做了两件事：给他在纽约警察局的一个朋友发电报，打听 Abe Slaney 的事情，得到的回复是"此人是芝加哥最危险的骗子"，又向附近的人打听有没有一个叫 ELRIGES 的地方，得到的答复是"有"。至此，福尔摩斯前面所有的猜测都得到了验证，还顺便搞清楚了🯈代表 Y。这时再看第五封信，就很容易搞清楚🯉代表 P，🯆代表 D 了。

至此，所有密信内容均被破解：

    1:<u>A M</u> <u>H E R E</u> <u>A B E</u> <u>S L A N E Y</u>

    2:<u>A T</u> <u>E L R I G E S</u>

    3:<u>C O M E</u> <u>E L S I E</u>

    4:<u>N E V E R</u>

    5:<u>E L S I E</u> <u>P R E P A R E</u> <u>T O</u>

       <u>M E E T</u> <u>T H Y</u> <u>G O D</u>

而其对应的意思是:

1. 我在这里——阿贝·斯兰尼。

2. 在埃尔里奇。

3. 来吧,埃尔茜。

4. 决不。

5. 埃尔茜,准备见上帝吧。

显然,破解出来的这些句子,逻辑上是通顺的。现在我们重新整理一下这些小人所代表的字母,如下表:

	E		N		V		R		L		S
	I		C		O		M		A		H
	B		T		G		Y		P		D

接下来,福尔摩斯根据他的破解结果写了一封信,让人假借埃尔茜的名义送给埃尔里奇的阿贝·斯兰尼。这封信是这么写的:

对照密码表,我们可以破解出这封信的内容是:COME HERE AT ONCE(马上来这里)。果然,发信者看到这封信,立刻赶来,结果落入福尔摩斯的圈套,被捉住了。

在这几个故事里,福尔摩斯既不是加密方,也不是解密方,他是一个破解密码的人。我们可以看到,福尔摩斯破解密码的方法其实算不上太神奇,主要靠的还是猜,但因为他对加密方式特别熟悉,在密码方面有很强大的知识储备,所以他不是瞎猜,而是有根据地假设。另外,福尔摩斯破解密码的方法其实也有了一些现代密码学的影子。他的一个破解依据是字母的使用频率,这和统计学及概率有关。这个方法在当时并不是一个特别新的方法,早在公元9世纪,阿拉伯哲学家肯迪就提出了使用频率分析破解密码的方法,而且相对于现代密码来说,这个密码的难度还是相当低(当然,为了让读者有阅读的兴趣,这些密码也不宜搞得太复杂)。

福尔摩斯和他面对的那些罪犯基本上都是英国人,偶尔会有几个外国人,也都来自欧洲,所以福尔摩斯所面对的密码基本上都是用英语写的(这部小说本来就是英国人写给英国人看的,密码全用英语也是自然)。英语的特点是单词都由字母表里的26个字母组成,单词之间用空格隔开。这些对于福尔摩斯来说,都是很好的提示。这些故事里的密码信虽然都是柯南·道尔编的,但这些加密和破解的方法,在历史上却真实出现过。接下来,我们就来聊聊历史上的那些密码。

历史上的密码

人工编制的简单密码

能够被用作密码的符号系统有很多,像摩尔斯电码、手语及电影《风语者》中的纳瓦霍语等,但这些要么是自然语言,要么编制的目的不是保密,只能在特定场合下使用,不能算作真正的密码。真正意义上的密码可以追溯到公元前405年,当时希腊和斯巴达之间的伯罗奔尼撒战争已经进入了第26个年头。斯巴达的军事统帅莱山德手下的士兵抓住了一个雅典人,斯巴达士兵搜遍了这个人的全身,只找到了一根写满希腊字母的腰带。莱山德对这条腰带充满了怀疑,觉得秘密情报就在它上面,然而研究来研究去就是毫无头绪。他拿着腰带漫无目的地摆弄着,无意间把它缠到了自己的剑鞘上,结果这些字母通过这种方式组合成了一段文字,内容是波斯王国准备趁希腊和斯巴达开战之时,从背后偷袭斯巴达。这就是最古老的密码——密码棒,它的密钥是一根尺寸固定的棍子。

古罗马的统治者盖乌斯·尤利乌斯·恺撒和他的将军们发明了一种密码,这种密码的规则是把一个字母用它在字母表中后第3位的字母代替,比如,明文中的A写成D,B写成E,C写成F,以此类推。这是一种最原始的代替密码,与《跳舞的小人》中的密码其实是同一类。恺撒密码的密钥可以用下面这个密码盘来表示:

其实,你可以自己制定恺撒密码的规则:是用一个字母后第3位的字母来代替它,还是用其后第9位的字母来代替它,抑或是用其前第8位的字母,这完全可以由你自己决定,只要你事先和你的同伴约定好就行。

共济会是世界上最古老、最庞大、最神秘的地下组织,它也拥有属于自己的一种密码——共济会密码。它由很多格子组成,把字母放进这些格子里,然后用格子的形状来表示字母。

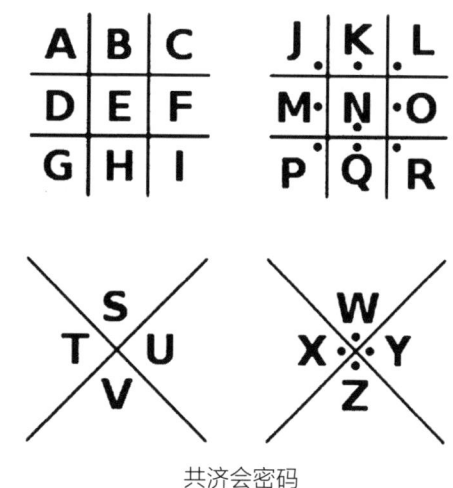

共济会密码

具体来说,它的密钥是这样的:

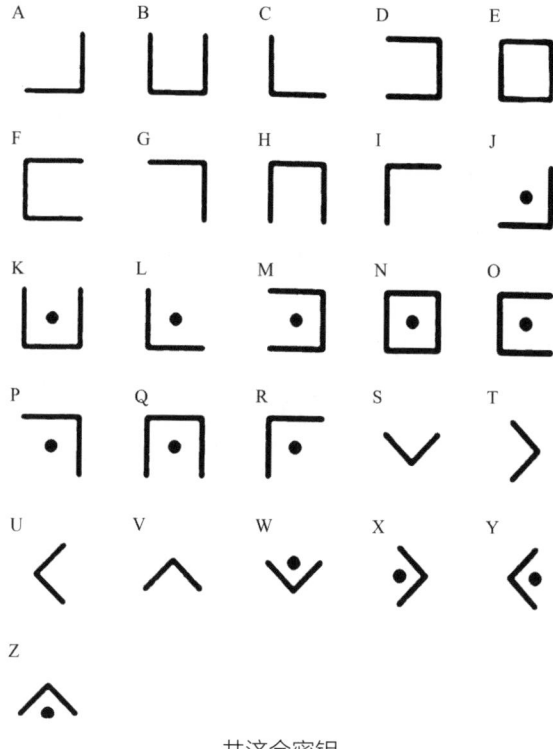

共济会密钥

因为这些格子很像猪圈，所以这种密码又被称为猪圈密码。共济会虽然是个地下组织，却大名鼎鼎，在西方几乎无人不知，共济会密码也因此成了最著名的密码之一，但早已失去了保密的功能。

给英语编密码，只要针对26个字母就可以，可汉语中有几千个常用汉字，能编成密码吗？答案是当然可以。中国最古老的密码出现在约3000年前，这种密码叫作阴符。阴符是著名的军事家姜太公发明的密码，他并没有对每一个汉字编码，而是针对8种不同的军事情况编码，这样就大大降低了密码的复杂程度，让密码变得容易掌握和使用了。《六韬·龙韬·阴符》中记载着它的用法：

主与将有阴符凡八等：凡大胜克敌之符，长一尺；破军杀将之符，长九寸；降城得邑之符，长八寸；却敌报远之符，长七寸；警众坚守之符，长六寸；请粮益兵之符，长五寸。败军亡将之符，长四寸；失利亡士之符，长三寸。诸奉使行符，稽留者，若符事泄，闻者告者，皆诛之。八符者，主将秘闻，所以阴通言语不泄，中外相知之术。敌虽圣智，莫之能识。

在这段话的最后，还强调了阴符的重要性。为了保守阴符的秘密，甚至把泄密者和获得机密的无关人员全部杀死。几千年过去，阴符的秘密最终还是没能保住，人们也早就不用它来传递秘密情报了。

到了明朝，著名军事家、抗倭名将戚继光发明了一种特殊的密码——反切码。反切是我国古代的一种注音方法，简单来说就是把一个字的声母和另一个字的韵母拼在一起给字注音，比如说"贡"字的反切是"古宋"，这是因为"贡"的拼音是"gòng"，是"古"字的声母"g"和"宋"字的韵母及去声"òng"拼在一起的。古代没有拼音，就用这种方式代替拼音使用，代表声母的字被称为"上字"，代表韵母的字被称为"下字"。

戚继光编的反切码就利用了这种原则,为此他编了两首诗。其一为:柳边求气低,波他争日时。莺蒙语出喜,打掌与君知。其二为:春花香,秋山开,嘉宾欢歌须金杯,孤灯光辉烧银缸。之东郊,过西桥,鸡声催初天,奇梅歪遮沟。

将第一首诗中的20个字按顺序编成1—20号,将第二首诗中的36个字编成1—36号,再把当时福州方言的8个声调(当时东南沿海是抗倭的主战场,戚家军中有大量的福建籍士兵,反切码就是针对福州话编的)编成1—8号。将明文中的汉字用第一首诗中的汉字作为"上字",第二首诗中的汉字作为"下字"进行反切注音,然后把"上字""下字"及声调的号码写下来,就得到了密文。为了方便军队使用这种密码,戚继光还组织编著了《戚参军八音字义便览》以供查阅。

1937年7月7日,抗日战争全面爆发。中日双方在战场上打得如火如荼,敌我之间也展开了密码战。1938年12月,汪精卫从重庆秘密出逃,辗转前往已经被日本占领的上海,公开投敌。汪精卫投敌所造成的影响十分恶劣,给中国抗日运动造成了不小的损失。当时蒋介石严令自己的亲信、军统局局长戴笠不惜一切代价除掉汪精卫。戴笠组织了多次对汪精卫的刺杀活动,而为了保护汪精卫,日本特务和汉奸们拉起了一个新的机构——中国国民党中央执行委员会特务委员会特工总部。大汉奸周佛海为特务委员会主任委员,丁默邨任特工总部主任,李士群任特工总部副主任。这个特工总部设在上海的极司菲尔路76号(今万航渡路435号),因此外界一般称之为"76号"。

1939年5月,国民政府军事委员会少将参议戴星炳从重庆辗转来到上海,要求投靠汪精卫。汪精卫给了戴星炳一个社会事业专门委员会委员的头衔。但时隔不久,戴星炳便露了马脚,原来他是戴笠派来刺杀汪精卫的特务。"76号"的汉奸们立刻把戴星炳抓了起来,但并没有太为难他,而是要求

戴星炳给戴笠写信,说明想和军统停战的意思,戴星炳很识趣地照做了。不久之后,他们还真收到了戴笠的回信。这封信是这么写的:

电悉。请示校长同意后,同意所请,渝沪可互相谅解。目前时局更**加**艰难,战事日益**紧**张。敌我双方,互有**消**长。唯日人**灭**我之心不死,后患无穷,望好自为之,与**汪**共处。前所计划之事,一切作罢。以后可保持电讯联系。

光看这封信的字面意思,是同意戴星炳信中的请求(即丁默邨、李士群两人的请求),让军统和"76号"暂时休战。丁默邨和李士群自然是喜出望外,但他们俩毕竟是两个十分狡猾的老特务,多年的经验让他们并没有被喜悦冲昏头脑,而是在欢喜之余多留了个心眼,又认认真真、从头到尾地把这封信研究了好几遍。这一研究,就发现问题了。现在,请回头看看上面这段信中的原文,有没有发现什么问题?

这封信上有几个字的笔迹似乎比别的字要粗一些。他们把这几个字单独拣出来,结果发现这几个字连在一起是:"**加紧消灭汪**"。

丁默邨和李士群这才搞清楚,原来这是一封命令戴星炳继续行动的密码信,自己差点儿就被戴笠和戴星炳耍了。恼羞成怒之下,他们立即报告汪精卫,随即接到汪精卫的命令,将戴星炳杀害了。

戴笠写的这封密码信,是不是很像《格洛里亚斯科特号三桅帆船》中的密码信?这两封信都是把明文隐藏在密文中进行传递,遗憾的是,由于这种密码过于简单,很容易就被破解了。

复杂的密码

前面我们介绍的这些密码都是利用简单的传统加密方式制成的,当这些加密方式失效之后,人们自然要寻找更为复杂的加密方法。相较于恺撒密码仅有一个密钥的单表替代密码,1467年,意大利建筑师和语言学家莱昂·巴蒂斯塔·阿尔伯蒂提出了一种新方法:一次加密但使用不止一个密码表。这是一种多表替代密码。1553年,意大利密码学家吉奥万·巴蒂斯塔·贝拉索在他的密码学专著《吉奥万·巴蒂斯塔·贝拉索先生的密码》中提出了另一种多表替代密码,这种方式超级复杂,它的密钥有两个。其中一个密钥是下面的密码表:

	A	B	C	D	E	F	G	H	I	J	K	L	M	N	O	P	Q	R	S	T	U	V	W	X	Y	Z
A	A	B	C	D	E	F	G	H	I	J	K	L	M	N	O	P	Q	R	S	T	U	V	W	X	Y	Z
B	B	C	D	E	F	G	H	I	J	K	L	M	N	O	P	Q	R	S	T	U	V	W	X	Y	Z	A
C	C	D	E	F	G	H	I	J	K	L	M	N	O	P	Q	R	S	T	U	V	W	X	Y	Z	A	B
D	D	E	F	G	H	I	J	K	L	M	N	O	P	Q	R	S	T	U	V	W	X	Y	Z	A	B	C
E	E	F	G	H	I	J	K	L	M	N	O	P	Q	R	S	T	U	V	W	X	Y	Z	A	B	C	D
F	F	G	H	I	J	K	L	M	N	O	P	Q	R	S	T	U	V	W	X	Y	Z	A	B	C	D	E
G	G	H	I	J	K	L	M	N	O	P	Q	R	S	T	U	V	W	X	Y	Z	A	B	C	D	E	F
H	H	I	J	K	L	M	N	O	P	Q	R	S	T	U	V	W	X	Y	Z	A	B	C	D	E	F	G
I	I	J	K	L	M	N	O	P	Q	R	S	T	U	V	W	X	Y	Z	A	B	C	D	E	F	G	H
J	J	K	L	M	N	O	P	Q	R	S	T	U	V	W	X	Y	Z	A	B	C	D	E	F	G	H	I
K	K	L	M	N	O	P	Q	R	S	T	U	V	W	X	Y	Z	A	B	C	D	E	F	G	H	I	J
L	L	M	N	O	P	Q	R	S	T	U	V	W	X	Y	Z	A	B	C	D	E	F	G	H	I	J	K
M	M	N	O	P	Q	R	S	T	U	V	W	X	Y	Z	A	B	C	D	E	F	G	H	I	J	K	L
N	N	O	P	Q	R	S	T	U	V	W	X	Y	Z	A	B	C	D	E	F	G	H	I	J	K	L	M
O	O	P	Q	R	S	T	U	V	W	X	Y	Z	A	B	C	D	E	F	G	H	I	J	K	L	M	N
P	P	Q	R	S	T	U	V	W	X	Y	Z	A	B	C	D	E	F	G	H	I	J	K	L	M	N	O
Q	Q	R	S	T	U	V	W	X	Y	Z	A	B	C	D	E	F	G	H	I	J	K	L	M	N	O	P
R	R	S	T	U	V	W	X	Y	Z	A	B	C	D	E	F	G	H	I	J	K	L	M	N	O	P	Q
S	S	T	U	V	W	X	Y	Z	A	B	C	D	E	F	G	H	I	J	K	L	M	N	O	P	Q	R
T	T	U	V	W	X	Y	Z	A	B	C	D	E	F	G	H	I	J	K	L	M	N	O	P	Q	R	S
U	U	V	W	X	Y	Z	A	B	C	D	E	F	G	H	I	J	K	L	M	N	O	P	Q	R	S	T
V	V	W	X	Y	Z	A	B	C	D	E	F	G	H	I	J	K	L	M	N	O	P	Q	R	S	T	U
W	W	X	Y	Z	A	B	C	D	E	F	G	H	I	J	K	L	M	N	O	P	Q	R	S	T	U	V
X	X	Y	Z	A	B	C	D	E	F	G	H	I	J	K	L	M	N	O	P	Q	R	S	T	U	V	W
Y	Y	Z	A	B	C	D	E	F	G	H	I	J	K	L	M	N	O	P	Q	R	S	T	U	V	W	X
Z	Z	A	B	C	D	E	F	G	H	I	J	K	L	M	N	O	P	Q	R	S	T	U	V	W	X	Y

横线以上A—Z是明文中的字母,也是每一竖列的编号;竖线左边的A—Z是每一横行的编号。仔细看这个表格,你会发现这个表格里把所有恺撒密码的密钥都列出来了,不管前移还是后移,不管移动多少位,里面都有。接下来,最精彩的部分来了,使用者随机选择一串字母作为第二个密钥,这一串字母被称为关键字,可以是个单词,也可以是随便什么无意义的字母组合。为了方便举例,我们姑且找一个较为简单的英文单词"YES"。然后,加密者就用这个表和这个字母组合对明文加密。假设明文是COMEHEREATONCE(即《跳舞的小人》故事最后,福尔摩斯写的那封密码信),我们把明文和关键字的字母放在一个表格里,让它们一一对应,如果关键字不够长,就再写一遍,还不够长就再写一遍,直到关键字的长度和明文的长度一样为止:

C	O	M	E	H	E	R	E	A	T	O	N	C	E
Y	E	S	Y	E	S	Y	E	S	Y	E	S	Y	E

然后,我们拿过密码表,先找到Y行,这一行C列上的字母是A,所以,第一个字母C就被转换成A,再找E行O列,这个字母是S,把O转换成S,S行M列的字母是E,Y行E列的字母是C,以此类推。最后得到的密文就是:

明文	C	O	M	E	H	E	R	E	A	T	O	N	C	E
密钥	Y	E	S	Y	E	S	Y	E	S	Y	E	S	Y	E
密文	A	S	E	C	L	W	P	I	S	R	S	F	A	I

事实上,在实际使用过程中,密钥的长度都会比"YES"更长、更复杂,显然这种加密方式比单表替代密码复杂得多,对同一个字母加密后会得到不同的字母,因此在当时这类密文破解起来难度很大。

这种加密方式后来被法国外交官布莱斯·德·维吉尼亚改良,他仍然使用密码表和关键字,但关键字不再重复,而是在后面接上明文。仍以上面的内容为例,就是这样的:

明文	C	O	M	E	H	E	R	E	A	T	O	N	C	E
密钥	Y	E	S	C	O	M	E	H	E	R	E	A	T	O
密文	A	S	E	G	V	Q	V	L	E	K	S	N	V	S

这种密码被称为自动密钥密码,它的破解难度显然比破解贝拉索的密码难度更大。然而,造化弄人,维吉尼亚改良的自动密钥密码竟然被人遗忘了,而贝拉索的密码却被张冠李戴地安在了他头上,被人们称为维吉尼亚密码。密码的命名虽然令人啼笑皆非,但维吉尼亚密码却在当时表现得十分牢靠、保险,直到19世纪时,人们还在使用它。

多表替代密码的出现令传统的破解方法束手无策,人们急需研究出新的方法应对,这时,一门关于密码的新学科——密码学——便应运而生了。在福尔摩斯的时代,现代密码学已经发端。1854年,英国数学家(注意,是数学家)查尔斯·巴贝奇破解了维吉尼亚密码的一个变种。1863年,普鲁士(今德国)的一位陆军少校弗里德里希·卡西斯基的《密码和破译技术》出版了,其中系统论述了多表替代密码及其破解方法,卡西斯基在书里提出了一种破解维吉尼亚密码的方法,即卡西斯基试验。这是密码学史上的一个里程碑式的方法,它表明数学在破解多表替代密码方面有极其重要的作用。

卡西斯基试验并不去猜测原文中使用了什么单词,它仅基于一个原理:明文中的某些单词可能在明文中出现不止一次,如果明文足够长的话,这些重复出现的单词就有可能被加密成相同的密文。举个简单的例子,假定一则明文中有一个片段是NONONONONO,另一个片段是NOTNOTNOTNOT,

密钥是YES,那么就有了下表:

明文1	N	O	N	O	N	O	N	O	N	O	N	O
密钥	Y	E	S	Y	E	S	Y	E	S	Y	E	S
密文1	L	S	F	M	R	G	L	S	F	M	R	G

明文2	N	O	T	N	O	T	N	O	T	N	O	T
密钥	Y	E	S	Y	E	S	Y	E	S	Y	E	S
密文2	M	S	L	M	S	L	M	S	L	M	S	L

我们可以看到,在密文1里,重复出现了“LSFMRG”这个字符串,因此可以推断密钥应该出现了重复,“LSFMRG”是6个字母组成的字符串,因此密钥的长度一定是6的约数——2、3、6中的一个(1也是有可能的,但没人会设只有1个字母的密钥);在密文2里,重复出现了“MSL”这个字符串,因此密钥的长度是3的约数——3。据此,我们可以推断,这段密码加密所使用的密钥是由3个字母组成的。接下来我们把这两个片段,按每3个字母截开,结果发现,分割后的第1个字母所对应的密钥全都是Y,第2个字母对应的密钥全都是E,第3个字母对应的密钥全都是S,多表替代密码变成了单表替代密码。接下来,只需要使用单表替代密码的破解方法,就可以破解这种密码了。

真正由维吉尼亚发明的自动密钥密码是一种密钥和明文一样长的加密方式,不可能用卡西斯基试验破解,但也并非无懈可击。这种加密法的破绽在于使用明文作为密钥,导致密钥是一段真实的语言。因此,如果尝试用一些常用的单词或者字母组合作为密钥来解密的话,一旦解密出来的文字有意义,就很可能是碰对了。同时,在这种尝试的过程中,将试出来的密钥和用这种密钥破解出来的文字进行对照,就能知道是否找对了密钥。

恩尼格玛密码——机械加密的鼻祖

恩尼格玛密码机

到目前为止，前面提到的所有加密和解密方法仍是人工的，然而人工加密不仅速度慢、不保险，还容易出错，如果把机械引入密码领域，会获得什么样的结果呢？在这种好奇心的驱使下，人类发明出了机械加密的方法，密码技术和密码学的发展进入了全新的时代。

1918年，德国工程师亚瑟·谢尔比乌斯利用现代化的电气技术，发明了一种可自动编码的机器——恩尼格玛（Enigma，意为哑谜）密码机。同年，他和朋友理查德·里特创办了一家公司，专卖自己的新发明。

恩尼格玛密码机是个小木头盒子，里面的零件主要有三个部分：有26个键的键盘、转子，以及标有26个字母的指示灯（其实，德文一共有30个字母，包括26个拉丁字母和四个变体字母——Ä ä, Ö ö, Ü ü 和 ß ß，但为了让设备紧凑，谢尔比乌斯去掉了四个变体字母）。在键盘上敲一个明文的字母，一个指示灯便会亮起，指示灯上标注的字母就是对应的密文。

这个设备的关键就在盒子里安装的那三个（后来变成了四个甚至更多）转子上。所谓转子就是带齿的转盘，每个转子上有26个连接点，每个连接点旁边标注了一个字母。使用时，首先把三个转子转到设定好的位置（这三个位置旁边标注的字母就是密码

恩尼格玛密码机转子

机的密钥),三个转子的连接点也互相连接好了。负责加密的人在键盘上敲下一个键,电流就从第一个转子的一个连接点传递到第二个转子上,再从第二个转子传到第三个转子上,然后从第三个转子传导到指示灯上,第一个字母的加密就完成了。在电流传导结束的瞬间,转子也转了一格。转子的转动使得连接点之间的连接方式发生了改变,这之后再敲一下同一个键,亮的就是完全不同的一个灯了。

是不是有点儿绕?我们可以这样理解:我们在一台设置好的恩尼格玛密码机上敲下一个A,A通过第一个转子后变成了B,B通过第二个转子后变成了C,C通过第三个转子后变成了D。这时第一个转子也转了一格,我们再敲一下A,A通过第一个转子就变成了C,C通过第二个转子后变成了D,D通过第三个转子后变成了E。第一个转子再转一格,我们再敲一个A,这个A通过第一个转子后就变成了D,D通过第二个转子后变成了E,E通过第三个转子后就变成了F。也就是说,我们在键盘上敲的是AAA,出来的却是DEF。

我们一直在说第一个转子在转动,那么第二个和第三个转子在什么情况下会转动呢?在第一个转子转过一圈,也就是转了26格之后,第二个转子才会转一格。同样地,第二个转子转了26格之后,第三个转子才会转一格。只有当第三个转子转了一整圈之后,所有转子才会回到初始位置,密钥才会发生重复。也就是说,恩尼格玛密码机的加密可能有 $26 \times 26 \times 26 = 17\,576$ 种。

你以为到这里就完了吗?错了。这三个转子的内部构造是完全不同的,同时,它们还是可拆卸的。把转子拆下来安在不同的位置上,这就有了6种转子的排列顺序。可是,谁说的只有三个转子呢?实际上,一台恩尼格玛密码机配备了5个转子,每次使用时安装其中的三个,这就使得转子的排列顺序达到了60种。

除此之外,谢尔比乌斯还给恩尼格玛密码机增加了一个连接板,它的作用是把键盘上的按键两两相连。假定有一台恩尼格玛密码机的A键和B键通过连接板连了起来,这时我们敲下A键,电流会从A键流入B键,再从B键流入转子,这时转子是对字母B进行加密。如果按B键,电流则会从B键流入A键,转子这次又是对字母A进行加密了。一开始,谢尔比乌斯就连接了6对——12个字母的线路,后期,两两连接的字母增加到了10对——20个。

最终,有人估算出,恩尼格玛密码机的加密可能有一亿亿种——你没看错,一后面确实跟着两个"亿"字。

那么,如此复杂的加密可能,人们该如何解密呢?收发双方是不是要再配一个解密机器呢?不用。谢尔比乌斯很聪明,他给这台机器安装了一个小配件——反射板,它能让电流按原路反射回这三个转轮。也就是说,敲下一个按键,电流从按键经连接板流入另一个按键,再从这个按键流入三个转子,然后从三个转子流到反射板,被反射板反射回三个转子和连接板,再进入指示灯。

有了这个反射板,电流在密码机里传输的路径就变成了对称路径。只要按照约定的转子方向、位置和连接板连线状况,就可以轻松通信。如果你在键盘上敲下明文,指示灯上就会显示密文;如果你在键盘上敲下密文,指示灯上就会显示明文。如此一来,我们就可以画出恩尼格玛密码机的加密路径了。

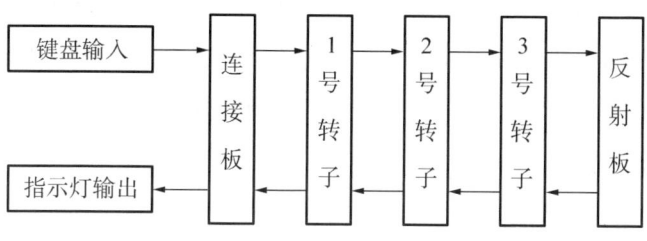

恩尼格玛密码机的加密路径示意图

其实，恩尼格玛密码机并非那个年代唯一的一种转轮式密码机，在谢尔比乌斯为恩尼格玛密码机申请专利的1919年前后，其他人也发明出了使用转子的加密机，但这些机械加密装置都没有获得关注。随着恩尼格码密码机的推广与使用，逐渐进入公众视野的、较有影响力的还有：1936年瑞典人鲍里斯·哈格林发明的C-36密码机，美国在C-36密码机基础上发明的改进型C-38密码机，日本通过改进德国恩尼格码密码机而生产的"97式欧文打字机"（当时日本命名武器的数字编号不是公元纪年而是日本自己的年号，这里"97"指日本纪元2597年，即公元1937年），以及被世人称为"金枪鱼"的、具有加密功能的电传打字机——洛伦兹密码机。

洛伦兹密码机

从滞销品到传奇

按理说，操作简单、破解难度高的机械加密装置一经发明应该很好卖，但恩尼格玛密码机却几乎无人问津。问题出在定价和目标客户上。谢尔比乌斯最初可没想做军队生意，他一直盯着那些大公司，并为每台密码机开出了3万美元的高价。今天，3万美元也是一笔不小数字，而在20世纪20年代，这简直贵得惊人（要知道，这种密码机只买一台是没有用的，至少得买两台)。那些大企业对这个小盒子的本事将信将疑,同时他们也根本不认为自己的商业机密值这个价钱,自然也就舍不得为这么个小盒子掏那么一大笔钱。

就在谢尔比乌斯的生意难以为继的时候,著名的英国政治家、后来的英国首相温斯顿·伦纳德·斯宾塞·丘吉尔的《第一次世界大战回忆录》开始在《泰晤士报》上连载。

在这部回忆录中,有这么一段话:

> 1914年10月,德国轻型巡洋舰"马格德堡号"在波罗的海被击沉时,德国海军密码本落入俄国人手中,并被秘密送往伦敦。这些密码本和与之相关的海图又呈送给白厅的一个研究室,研究室无私忘我的勤奋和想象天才得到了淋漓尽致的发挥。借助于这些密码本并据其推理,海军部获得了译读部分德国无线电报的能力……在战争中期,海军部还是能源源不断地向英国舰队提供有价值的情报。
>
> ——《第一次世界大战回忆录3:世界危机(1916—1918)》

就这么短短的几句话,已经足以说明英国人在第一次世界大战中对德国密码的掌握程度了。德国一直不知道在第一次世界大战中他们的密码很早就被英国人破解了,直到他们看到了丘吉尔的回忆录,才如梦方醒,就在这时,他们发现了恩尼格玛密码机。

1926年德国海军开始采购恩尼格玛密码机,然后是德国陆军、空军、党卫队、各政府部门,就连集中营都相继开始部署恩尼格玛密码机。有了军方和政府的订单,谢尔比乌斯有了大笔的资金可以用于改进机型。此后,恩尼格玛密码机不断升级换代,直到战争即将结束的1945年初,准备应用于德国军队的新型机仍在如火如荼地研发中。

艰难的破解之旅

从1926年开始，英国和法国截获了越来越多无法破译的德国电报，他们感到，德国人应该是使用了一种全新的加密方式，但他们并没有往心里去。率先开始尝试对恩尼格玛密码进行破解的是一个建立时间不长的小国——波兰。

波兰的位置在欧洲极为特殊，周边列强环伺，曾被反复蹂躏和瓜分。直到1918年，第一次世界大战结束，德国、奥匈帝国战败，俄国发生革命，沙皇统治被推翻，波兰才有条件复国。1938年，英国首相阿瑟·内维尔·张伯伦、法国总理爱德华·达拉第、德国总理阿道夫·希特勒、意大利法西斯独裁者贝尼托·阿米尔卡雷·安德烈亚·墨索里尼在德国慕尼黑开会。会议在没有捷克斯洛伐克代表参会的情况下，把捷克斯洛伐克的苏台德地区割给了德国，换取德国向东进攻苏联，史称"慕尼黑阴谋"。随后德军进入苏台德地区，并于次年吞并了整个捷克斯洛伐克。这样一来，复国没多久的波兰成了德国东进路上的下一个目标。

对于处在这种境地的波兰来说，情报的重要性不言而喻。波兰的军事实力不强，但密码破解工作却做得十分出色，因为他们坚信密码工作上的努力能弥补军事实力上的不足。早在苏波战争时期，波兰总参二部密码局就破解了苏联的密码，但到了1926年，他们发现自己无法破解德国的密码。原有的办法行不通，他们开始招募新的密码破解人员，这次他们把目光放在了波兹南大学上。波兹南曾经被德国长期占领，这里的人们都会说德语，由波兹南大学的数学家们来破解德国密码，自然有其独特的优势。

但恩尼格玛密码毕竟采用的是一种全新的加密方式，之前所有的解密方法对它都不管用。就在波兰人一筹莫展的时候，天上掉了两个大馅饼。

1928年的某一天,一个从德国外交部发往德国驻波兰使馆的外交邮包被送到了华沙海关。那个时候邮政工作效率比较低,一个包裹耽搁几天是常有的事情,人们并不太在意。但德国驻波兰使馆却表现得异常焦急,他们要求海关尽快放行,并将包裹送到使馆。

德国人的反应让波兰人心生疑惑,本来马上就要送的包裹也不急着送了——反正要到周末了,就说这个邮包不知在哪儿耽搁了。于是,海关把这个本应免检的包裹送到了波兰情报部门。波兰情报人员立刻打开这个包裹,里面是一台全新的恩尼格玛密码机。波兰人利用这个周末把这台机器仔仔细细地研究了一番,又是拍照,又是测量,还将它拆开,把每一个零件的数据都记录了下来。研究完之后又把它按原样装好,放回邮包里送到了德国大使馆。而德国人对于邮包在外面耽搁两天这件事,竟然一点儿疑心都没起。

这个时候,德国人内部也出了问题。德国国防部的密码部门里有一个小职员,名叫汉斯-提罗·施密特。他是一名老兵,第一次世界大战结束后破了产,无奈之下只得投奔自己的哥哥、当时德国国防部通信部门的头儿鲁道夫·施密特。他哥哥把他安排进了密码部门,专门负责恩尼格玛密码机的相关工作。

小职员的收入很低,柏林的开销却很大,汉斯-提罗·施密特的一家老小还在老家,他自己也只能勉强糊口,根本没有足够的钱能让自己一家团聚。在这种情况下,穷疯了的汉斯-提罗·施密特开始打起了恩尼格玛密码机的主意。

1931年,汉斯-提罗·施密特被法国情报机关招募为间谍,随即他就开始出卖恩尼格玛密码机的一切相关情报,包括机器构造、图纸、操作手册、密码本等,凡是你能想到的,他全卖。

汉斯-提罗·施密特第一次出手就赚了10 000马克,此后更是财源滚滚,尤其是在机型升级和密码本更换的时候,他都会发一笔横财,一家人的生活质量自然得到了提高。但是,法国花高价买了这些宝贵情报之后并不重视,把它们束之高阁,反倒是波兰人对此极为上心,最后通过法国把这些情报搞到手。

波兰人通过恩尼格玛密码机的技术参数、图纸及说明书,最终弄清楚了这个机器的原理及使用方法。有意思的是,从法国弄来的密码本一直静静地躺在波兰总参二部部长兼密码局局长格维多·兰杰上校的办公桌里,从未拿给研究破译恩尼格玛密码机的波兹南大学的数学家们。关于这一点,兰杰上校的理由很充分:如果把密码本给了这些数学家,那他们在破解的时候就会对密码本产生依赖,万一以后没有人提供密码本了该怎么办呢?事实证明,兰杰上校的想法十分英明,不知为何汉斯-提罗·施密特从1939年开始就不再提供恩尼格玛密码机的资料了。1943年4月1日愚人节那一天,汉斯-提罗·施密特被盖世太保(德国秘密警察)从家中带走。到了9月份,他的女儿被通知去认领尸体。根据盖世太保留下的记录,汉斯-提罗·施密特是自杀的,但也有人认为他是被盖世太保杀死的。

最早破解恩尼格玛密码的波兰数学家雷耶夫斯基

前面提到的波兹南大学的数学家中,有三个人表现最为突出,他们是马里安·雷耶夫斯基、耶日·鲁日茨基、亨里克·佐加尔斯基,被称为密码领域的"波兰三杰"。他们虽手握恩尼格玛密码机的图纸、说明书等资料,但仍然感到破解之路困难重重,毕竟在搞清楚了加密原理之后,还要面对一亿亿种可能性。其实,恩尼格玛密码也是一种多表密码,但它的密钥长度要比维吉尼亚密码的长得多,甚至比明文本身还长很多倍,而它的密钥里也没有什么有实际意义的单词,和明文也毫无关系。

  不过,波兰数学家们还是找到了突破口。德国人在制定恩尼格玛密码机的操作规程时,编制了定期更换的密码本,密码本上规定了某一段时间内密码机的密钥,即密码机上三个转子的起始位置,同时又给了操作密码机的士兵以最大的自由。具体来说就是,操作密码机的士兵每次随机选定一个三个字母的组合作为每条电文的密钥,先把密码机上的转子转到密码本上规定的密钥位置,对这三个字母的组合加密,这三个字母要连敲两次,进而成为6个字的密文,这个被随机挑出来的密钥被称为"指标组"(又称"指示器"),然后将这三个转子的起始位置调整为这随机选定的三个字母,再对明文进行加密。发送消息时把前面这6个字的密文和后面真正的密文一起发出去,这样,接收方在收到消息后,先用密码本上规定的起始位置解开前面6个字的密文,获得这条电文的随机密钥后,再用随机密钥解开后面的密文。这个方法看似十分狡诈,却犯了一个致命错误,它将密钥和密文同时发送,还把密钥发了两遍,着实降低了破解难度。

  为什么这么说呢?既然德国人发出的密码电文前面6个字母全是用密码本密钥加密的,那么这个时间段内截获的所有德国密码电报的前6个字母的加密规律一定是完全一样的,也就是说敲前6个字母时,转子的排列和所在的起始位置是完全一样的,而它们每次转动之后的位置也是完全一样的。既然三个字母被连着发了两遍,那么同一份电文中第一和第四个字母的明文就一定是同一个字母,第二和第五个字母、第三和第六个字母也是这样。既然敲第一个字母时,所有恩尼格玛密码机的转子位置相同,那么敲第四个字母时,所有恩尼格玛密码机的转子位置也相同,而第一个和第四个字母又是同一个字母，数学家们就能够将这些密码电报中的第一个字母的密文和第四个字母的密文对应起来。以此类推，第二个字母的密文和第五个字母的密文、第三个字母的密文和第六个字母的密文也能被一一对应起来了——多表替代变成了单表替代。这样一来，只要一段时间内截获的德国电文数量足够多——多到让所有26个字母都能在前6个字母位上全部出现至少一次，能够提供足够的分析样本，波兰的密码学家们就有可能做出三个两行26列的表格，将第一位上出现的26个字母和第四位上出现的26个字母，以及第二位和第五位、第三位和第六位上的26个字母一一对应起来。

接下来，波兰密码学家们对这些表格进行研究，结果发现这些表格里的字母是可以循环的。反射板的设置初衷是为了方便解密，同时避免某个明文字母和密文字母相同的情况。这样看起来是增加了破解难度，实际上减少了加密的可能性，原来一个字母经过加密后可能变成26个字母中的一个，现在只能变成25个字母中的一个了。此外，用了反射板后，如果把明文的字母A加密得到的密文是B，那么把明文的字母B加密得到的密文也只能是A，结果，恩尼格玛密码机的加密能力便大大降低了，而字母也因此具有了循环性。

什么是字母的循环性呢？举个例子，第一位字母是A，它对应的第四位字母是F，第一位字母如果是F，对应的第四位字母是S，第一位字母如果是S，对应的第四位字母是W，第一位字母如果是W，对应的第四位字母是A，如此便形成了一个A-F-S-W-A的循环，这就叫作字母循环圈。我们可以利用恩尼格玛密码机的模拟器程序搞清楚什么是字母循环，以及字母循环对破解恩尼格玛密码机的重大意义。

打开模拟器程序界面后，对连接板和转子起始位置进行设置，我们姑且把连接板设置成O-P、S-R、W-V、T-L、Z-X，把转子的初始位置从左到右依次设置为 B、N、M。工作的时候，恩尼格玛密码机的转子总是最右边的先转，最左边的后转。设置好了之后，我们就在键盘上连着输入两遍我们自己选择的随机密钥，然后将转子调回 B、N、M，再输入我们选择的下一个随机密钥。为了确保三位随机密钥的每一位上都会有 26 个字母，我们姑且把密钥设置为 ABC、BCD、CDE，以此类推，直到 ZAB。最后，我们会发现明文和加密出来的字母是这样的（见下表）。

明文	密文					
ABCABC	T	P	Y	L	S	E
BCDBCD	Q	J	J	K	I	G
CDECDE	R	L	O	W	H	C
DEFDEF	O	G	H	F	N	Q
EFGEFG	S	I	I	P	O	D
FGHFGH	J	E	F	D	V	X
GHIGHI	I	X	G	R	D	R
HIJHIJ	Z	F	D	M	C	P
IJKIJK	G	C	L	N	P	A
JKLJKL	F	U	K	O	W	Y
KLMKLM	V	D	A	B	Y	N
LMNLMN	Y	V	V	A	Z	M
MNOMNO	P	Q	E	H	E	Z
NOPNOP	U	T	T	I	F	J
OPQOPQ	D	B	B	J	J	F
PQRPQR	M	N	S	E	X	I
QRSQRS	B	Y	R	X	U	V
RSTRST	C	A	P	G	B	W
STUSTU	E	O	Z	V	A	B

(续表)

明文	密文					
TUVTUV	A	K	N	Y	R	S
UVWUVW	N	M	X	Z	G	T
VWXVWX	K	Z	W	S	K	H
WXYWXY	X	H	C	C	Q	L
XYZXYZ	W	R	U	Q	L	O
YZAYZA	L	W	M	T	M	K
ZABZAB	H	S	Q	U	T	U

现在，我们把密文的第一列和第四列挑出来，放在一起（如下表）：

T	Q	R	O	S	J	I	Z	G	F	V	Y	P	U	D	M	B	C	E	A	N	K	X	W	L	H
L	K	W	F	P	D	R	M	N	O	B	A	H	I	J	E	X	G	V	Y	Z	S	C	Q	T	U

然后按照我们上面说的，从第一列密文的A开始，它对应的第四列密文是Y，再找第一列密文Y对应的第四列密文的字母又是A，这就是一个循环圈。接下来我们继续再找其他循环圈，从第一列和第四列密文，我们还可以找到5个循环圈（如下表）：

A	Y	A						
B	X	C	G	N	Z	M	E	V	B
D	J	D						
F	O	F						
H	U	I	R	W	Q	K	S	P	H
L	T	L						

我们可以看到，26个字母都有属于自己的唯一一个循环圈。如果我们对第二和第五、第三和第六列密文做同样的工作，就会发现它们也有自己的循环圈。

每个对照表里都能有这种循环,这种循环的数量不等,每个循环中所包含的字母也不定,但每个字母肯定都会参与其中的一个循环。只是发现这种循环还不够,波兰密码学家们还用群论(一种数学理论)证明了:连接板对字母循环的长度和数量完全没有影响,能产生影响的只有转子的设置。这样一来,连接板对于密码学家们来说就成了一个暂时不必考虑的障碍了。接下来密码学家们要做的,就是根据之前获得的汉斯-提罗·施密特提供的情报和波兰人自己的工作成果来分析这些字母循环圈和转子位置之间的关系,把结果做成一个巨大的数据库,并根据这个数据来查询新截获电文所对应的密钥。把密钥搞清楚后,再去解决连接板的问题就轻松得多了,毕竟连接板只是一种单表替代加密方法,还只是针对部分字母的单表替代。

虽然已经出现了曙光,但加密的可能性还是巨大的。为了减轻自己的工作负担,波兰数学家们想了种种办法。一开始,他们发明了一种带坐标的卡片,根据分析结果在相应位置打孔,然后把几张卡片叠在一起,哪个位置打孔多,哪个位置就要特别关注。后来他们又发明了一种叫作"炸弹"的机器,关于这个名字的来源,有人说是雷耶夫斯基在吃一种名为"炸弹"的小吃时想到的,有人说是因为这个机器运转起来声音很大,像炸弹一样。凭借"炸弹",波兰人终于能够破解德军的密码了。

但好景不长,1939年8月23日,苏联和德国在莫斯科秘密签订了《苏德互不侵犯条约》,这两个国家握手言欢,"慕尼黑阴谋"彻底破产。那位常年拿着把大雨伞,在慕尼黑会议后于全英国的记者面前信誓旦旦地宣告和平,并让英国人踏踏实实去睡觉的亚瑟·内维尔·张伯伦首相,搬起石头砸了自己的脚,而丧钟也为夹在苏联和德国之间的波兰敲响了。

其实,波兰人提前意识到了危险的临近。1939年6月30日,波兰总参二部密码局邀请英国和法国的同行们来华沙开会,英国人和法国人不太清楚波兰人的用意，磨磨蹭蹭地直到7月24日才到达华沙。早已等得不耐烦的波兰人把他们领进一个房间，非常直接地向他们展示了自己的所有研究成果——"炸弹"机及其图纸、两台恩尼格玛密码机的仿制品，以及其他相关技术资料，然后宣布波兰将把所有这一切无偿且毫无保留地赠送给英国和法国的同行们。他们已然预感到自己的国家时日无多，只能把复国的希望寄托在英国和法国身上了。

图灵出场了

"炸弹"真的好用吗？其实不然。因为此时德国军用的恩尼格玛密码机已完成升级，波兰人的方法已经很难奏效了。到了1939年9月1日，德国对波兰发动了突然袭击，第二次世界大战正式拉开了帷幕。同年9月17日苏联入侵波兰，9月24日德军占领华沙，波兰再次亡国了。

"波兰三杰"在祖国灭亡之后，几经辗转，途经罗马尼亚来到法国。孰料号称国力强大的法兰西也没抵挡住德国的进攻。1940年5月10日，德军绕过坚固的马其诺防线攻入法国，6月14日便占领了巴黎。同年6月18日，逃到波尔多的法国政府宣布停止抵抗；6月22日，法国向德国签订投降协议。这样一来，破解恩尼格玛密码机的重任就落在了英国人身上。

第二次世界大战期间，英国政府进行密码破解的主要地方是布莱切利园。它是在1938年由英国海军上将休·弗朗西斯·派吉特·辛克莱尔爵士以7500英镑的价格买下的。辛克莱尔当时的职务是海军情报主管和军情六处（007詹姆士·邦德就是这个部门的特工）的一把手，政府密码学校的创办人，他之所以买下这块地就是为了让政府密码学校有个办公地点。

政府密码学校是一个新组建的密码分析破译部门，一开始对外的代号是"雷德利上尉的射击队"，这个"射击队"人数最高峰的时候有12 000人，囊括了当时顶级的密码学家、数学家和语言学家,其中就包括了后世最为人所熟悉的艾伦·图灵。

面对恩尼格玛密码机已升级的困境,布莱切利园的人们只能参考波兰人的研究成果,重新起步,继续前行,而此时德国人的刻板和个人崇拜帮了他们的大忙。譬如,在没有什么特别的事情发生时,德国人一定会在电文里加一句"KEINE BESONDEREN EREIGNISSE"(无特殊情况),他们还热衷于在电文里高喊"HEIL HITLER"(希特勒万岁),这就给了破解者以可乘之机。我们在前面提到过,恩尼格玛密码机不会把一个字母加密成这个字母本身。换句话说,明文的字母和密文的字母一定是不同的。在这种情况下,只要拿着"HEIL HITLER"和密文进行逐字比对,就能分析出密文的哪一串字母的明文是"HEIL HITLER"。后来,英国人还发现了一个更好的比对词"WETTER"(天气),这个单词一定会在德国人每天特定时间发出的特定长度密码电报的特定位置出现,从来没有变过,而且,这个单词有两个连在一

1939—1940年,图灵在布莱切利园工作的房间

起的"T",根据恩尼格玛密码机的特点,这两个"T"被加密之后变成的字母绝对不会相同。现在,有了明文,有了密文,剩下的就是解开密钥了。继续用我们刚才的设置,在恩尼格玛密码机的模拟器上敲出一句带 WETTER 的句子:DAS WETTER IST GUT(意思是"天气很好")。然后,我们用"WETTER"去比对密文(如下图):

```
D A S W E T T E R I S T G U T
O S R C N W Q Q T E W F I Z F
    W E T T E R
      W E T T E R
        W E T T E R
          W E T T E R
            W E T T E R
              W E T T E R
                W E T T E R
                  W E T T E R
                    W E T T E R
```

我们可以看到,能和 WETTER 做到每个字母都不相同,而且和"TT"对应的字母不是重复字母的片段不止一个,但即便如此,我们已经可以排除差不多一半的片段了。如果有足够多的密文和其他比对词,就可以进一步缩小范围了。

图灵为破解恩尼格玛密码做了哪些贡献呢？在图灵面对恩尼格玛密码的时候,德国人已经取消了"指标组",他无法再像波兰人那样比对前 6 个字母了,但他沿用了字母循环的思路,只不过他考察的对象变成了明文和密文本身。假设他用 WETTER 比对出来的密文是 ETQWKY,那么明文的字母 W 对应密文的字母 E,明文的字母 E 对应密文的 T,明文的 T 对应密文的 W,这就形成了一个 W-E-T-W 的循环——图灵和他的同事们首先要做的是找到对比词的明文和密文中的字母循环。找到之后,图灵对这个循环做了拆解:

W-E 加密过程: W 经连接板变成一个字母 C_1,C_1 经过三个转子和反射板变成字母C_2，C_2经过连接板变成E。

E-T加密过程：E经连接板变成一个字母C_3，C_3经过三个转子和反射板变成字母C_4，C_4经过连接板变成T。

T-W加密过程：T经连接板变成一个字母C_5，C_5经过三个转子和反射板变成字母C_6，C_6经过连接板变成W。

既然这个循环是在同一条密文里发生的，那么W被加密成E、E被加密成T和T被加密成W的过程中，它们的连接板设置一定是一模一样的。输入的时候W经过连接板变成了C_1，那么输出的时候C_1就会经过连接板变成W，这也就意味着$C_1 = C_6$。基于同样的原因，我们可以推测出$C_2 = C_3$，$C_4 = C_5$。这意味着形成循环之后，连接板作用被抵消掉了，图灵就这样举重若轻地把连接板从恩尼格玛密码机布下的迷魂阵中摘出来并扔到了一边，接下来他和他的同事们进攻的焦点又集中在了转子上。

如果不考虑连接板，那么按照德国人在战争末期的使用情况——配5个转子，每次使用其中的3个，这就产生了$5 \times 4 \times 3 = 60$种排列方式，3个按照固定顺序排列的转子有$26 \times 26 \times 26 = 17\,576$种加密可能（实际上，由于设计原因，只有16\,900种可能），所以转子实际上一共有$17\,576 \times 60 = 1\,054\,560$种可能。这个数字虽然比我们之前提到的1亿亿种小得多，但也是个十分庞大的数字，不可能依靠人工暴力破解。于是，英国人也开始造机器了。

图灵的工作为破解恩尼格玛密码提供了理论基础，在这一研究基础上，他和他的同事们开发出了专门用于破解恩尼格玛密码的新"炸弹"机。英国人的"炸弹"和波兰人的"炸弹"都是通过构造和验证字母循环来确定转子设置的，但英国人的"炸弹"更进一步，如果前面说的以特定单词比对的方法无效，它还有其他办法破解密码。1940年3月，英国的第一台"炸弹"下线，高2米、长2.1米、宽0.6米，重量超过了1吨，造这样一个大家伙只为了对付那个一个人就能轻松提起来的"小方盒"。

早在1941年,英国皇家海军一支护航舰队俘虏了一艘德国潜艇U110,并从潜艇上搞到了德国海军用的恩尼格玛密码机和全套密码本,现在又有了新"炸弹",破解工作变得十分顺利。到第二次世界大战尾声时,英国人已经有了200多台"炸弹",以前可能要一两个星期才能破解的密码(等搞清楚,情报早就没有任何价值了),现在只要半天就能搞清楚了。

至此,恩尼格玛密码被彻底破解。

密码破解之后

第二次世界大战结束了,但恩尼格玛的故事并未结束。由于英国人的保密工作做得足够好,所有相关文献直到30多年后才解密,外界对恩尼格玛密码和其破解手段几乎一无所知。略有讽刺的是,相关文献解密之后,纳粹的密码专家还坚决不肯相信恩尼格玛密码机在战争中已经被完全破解。第二次世界大战后,英国把恩尼格玛密码机卖给它的殖民地国家,声称这种机器能够帮助这些国家保守秘密。结果,英国在赚钱的同时,源源不断地盗取了这些国家的机密情报。

在破译恩尼格玛密码中,肩负重要使命的"波兰三杰"在逃离波兰抵达法国后,成立了Z小组,继续破译德军密码。在法国期间,他们破译了9000多条德军情报。法国投降后,他们的处境极为艰难。1942年,鲁日茨基因轮船失事遇难,同年雷耶夫斯基和佐加尔斯基开始流亡。1943年,他们逃到英国,但遗憾的是,英国政府没有让他们继续参与恩尼格玛密码的破解工作,而是安排他们去破解另一种比较简单的密码。第二次世界大战后,雷耶夫斯基回到波兰和家人团聚,佐加尔斯基则留在英国,两人对自己曾参与了破解恩尼格玛密码的工作都选择了沉默。20世纪70年代,随着布莱切利园相关文件被逐渐解密,一些人肆意地妄加评论和编造那段历史,使得雷耶夫斯基不得不站出来澄清事实。若非如此,可能这位破解恩尼格玛密码的先行者就要以一位工厂会计的身份走完自己的一生了。

1983年,波兰发行了恩尼格玛密码被破解50周年的纪念邮票。2000年,波兰政府追授"波兰三杰"国家最高勋章。2005年,在雷耶夫斯基100周年诞辰之际,波兰举行了一系列纪念活动,纪念当年破解恩尼格玛密码的数学家们,并发行了纪念明信片,同年,英国国防总参谋长授予雷耶夫斯基"1939—1945年战争勋章"。此时,雷耶夫斯基早已去世,他的女儿代替他领受了这迟来的荣誉。

而为破解恩尼格玛密码立下了汗马功劳的图灵,人生也十分不幸。他在1952年6月7日自杀,死去时床边的柜子上放着一个咬了一口、浸满了氰化钾溶液的苹果。图灵是一个同性恋者,他遭到了伴侣的背叛,当他发现家中被盗后,即刻报警,而警方却因其同性恋者身份以"严重猥亵"的罪名将他逮捕(当时的英国把同性恋行为视为犯罪)。图灵被迫接受"激素治疗",结果导致他身体机能紊乱。经历种种打击后,他终于崩溃了。

图灵为英国能够在第二次世界大战中取得胜利呕心沥血,却在战后受到如此不公正的对待。他的一位布莱切利园的同事杰克·古德不无挖苦地说:"幸亏布莱切利园官方不知道图灵是个同性恋者,要不然我们可能就输掉这场战争了。"

1966年,美国计算机协会设立了图灵奖,专门奖励那些为计算机事业发展做出巨大贡献的人,这是全世界最高的计算机科学奖,被称为"计算机领域的诺贝尔奖"。2013年12月24日,英国女王伊丽莎白二世签字赦免图灵,至此,图灵终于恢复了他的名誉,然而这位伟大的人物此时已经去世60多年了。2014年,由本尼迪克特·康伯巴奇主演的《模仿游戏》上映,这部电影描写的正是以图灵为代表的英国密码学家破译恩尼格玛密码的故事。值得一提的是,电影的男主角、图灵的扮演者本尼迪克特·康伯巴奇曾在英国BBC出品的电视系列剧《神探夏洛克》中扮演生活在现代伦敦的福尔摩斯。冥冥之中,福尔摩斯和图灵的轨迹用这种方式交融在了一起。

魔道相长的加密与解密技术

1946年,第一台电子计算机——"电子数字积分计算机"(ENIAC),在美国宾夕法尼亚大学诞生(也有人认为,布莱切利园里的"炸弹"才是第一台电子计算机)。人们掌握了大数据量的运算能力,进入了电子计算机时代。所有信息在输入电子计算机之后都转成数字来存储和处理,对这些信息的加密和解密自然也是通过电子计算机的高速运算实现的。俗话说"道高一尺,魔高一丈",随着计算机技术的高速发展,加密和破解之间的斗法也不断升级,而这远非恩尼格玛时代所能比拟的了。

RSA算法

1976年,美国斯坦福大学的惠特菲尔德·迪菲和马丁·赫尔曼在其论文《密码学的新方向》中提出了公开密钥密码,他们认为新的加密技术应该允许加密算法和密钥公开。这种方法不会影响密码的保密性,因为其加密密钥和解密密钥是不同的,加密密钥(即公钥)公开,但解密密钥(即私钥)是保密的。这就是我们前面提到的"非对称加密技术"。1978年,美国麻省理工学院的三位教授罗纳德·李维斯特、阿迪·萨莫尔、伦纳德·阿德曼提出了以他们名字首字母命名的RSA算法。这是最著名的且用得最多的一种非对称密钥加密方法。

使用RSA算法时,密码学家会先选取两个非常大的素数p和q,计算它们的乘积n,以及$(p-1)$和$(q-1)$的乘积m。再选择两个整数d和e,其中e和m没有公约数,而e和d的乘积除以m的余数是1。接下来,假定明文转换成数字后是X,那么计算X的e次方除以n的余数Y就是密文。加密方把Y发给解密方,解密方计算Y的d次方除以n的余数,就能算出X,也就是明文。在这个方法中,可以将e和n设置为公钥,将d设置为私钥。

RSA算法经过了极为严格的数学推导,虽然描述起来看似很简单,但在实际操作中异常复杂。要想通过e和n计算出d,除非先通过n计算出p和q,然后通过$(p-1)$和$(q-1)$计算出m。假如$p=2$、$q=3$、$n=6$,这种因数分解自然很容易做,但在实际操作中,密码学家们往往会选择两个动辄有几百位数字的素数,这样一来n更是大得惊人。因数分解目前没有什么"巧"办法,只能用穷举法暴力分解,也就是一个数一个数地去尝试。面对这样一个庞大的数字,计算机也无能为力——除非数论有了惊人的进展,或者计算机的计算能力有了惊人的进步。但随着计算机的运算能力的提升,人们会发现越来越多的素数,这些素数一个比一个大,显然,新素数的出现将永远跑在计算机能力提升的前面,RSA算法也因此变得越来越难破解。

RSA算法用于对我们要发送的信息进行加密,让无关者无法了解我们要发送的到底是什么,而下面我们要介绍的算法可以用来对我们的身份进行认证。

哈希(Hash)函数

在前面我们提到过,银行卡密码、手机密码等密码实际上是"口令",用于对用户身份的验证。对于用户本人来说,只要把口令牢牢记在脑中,不对任何人说就可以了,而对于电脑和手机的操作系统来说,口令就只能存放在电脑的系统文件里了。

但是,把口令用明文直接放在某个系统文件里是非常不安全的。2011年,知名IT技术网站CSDN遭黑客入侵,600万用户的账号密码发生泄漏。而CSDN早期(按照CSDN的声明,是在2010年8月之前)一直使用明文存储用户的账号密码,显然这是账号密码发生泄漏的重要原因之一。微软公司的Windows系统为了保证口令的安全,将口令明文加密后放在某个系统文件或者系统注册表里。它对口令加密的方式有LM Hash算法(从Windows 95开始到Windows XP系统使用的加密方式)和NTLM Hash算法(从Windows NT 4.0开始到Windows 8使用的加密方式),而这两种算法都使用了哈希函数。

哈希函数又称散列函数、杂凑函数,利用它可以将任意长度的信息变换成一个固定长度的数值,这个数值通常被称为哈希值。系统将明文的口令通过哈希函数转换成哈希值存储在文件中,进行身份验证时,如果使用者输入的口令通过哈希函数计算后的结果与存储的哈希值(即密文)一致,便可认为使用者是合法用户。

哈希函数的一大优点是单向性,即运用哈希函数可以通过明文算出哈希值,但是不能通过哈希值反过来去计算明文。这就使得口令只有用户自己知道。但这里面也存在一种风险:既然不同长度的明文经过计算能得到相同长度的数值,那么不同的明文经过计算必然有可能得到相同的数值。显然,在进行身份验证的时候,系统有可能对未被授权的用户"放行"。不同明文变成相同的哈希值,这种情况被称为哈希函数的碰撞,在使用哈希函数进行加密的时候要极力避免这种情况,因此抗碰撞性对于哈希函数来说是非常重要的。另外,哈希函数最好具有雪崩效应,也就是改动明文里的哪怕一个字符,都会导致哈希值有很大的变化。

哈希函数有一系列加密方法，除了前面提到的微软公司应用的LM Hash算法和NTLM Hash算法，还有RSA算法的提出者之一、麻省理工学院教授罗纳德·李维斯特提出的具有里程碑式意义的MD4和MD5算法（MD是Message Digest的缩写，意为"消息摘要"），美国国家标准与技术研究院发布的应用广泛的SHA-0、SHA-1和SHA-2等SHA系列算法（SHA是Secure Hash Algorithm的缩写，意为"安全哈希算法"）。MD4、MD5和SHA系列都是哈希函数的代表性算法。现在的数字签名技术也使用了哈希函数，这一内容将在下一章中展开。

任何一种有效的加密手段，从其诞生之日起，破解或攻击它的方法研究就会持续不断地进行。2004年8月，我国著名密码学家王小云教授在美国加州召开的国际密码学会议（CRYPTO 2004）上，宣布了她和她的小组的研究成果——对MD4、MD5、HAVAL-128，以及RIPEMD四个哈希算法的破译结果。王小云教授的报告具有重大意义，被认为是2004年密码学界最具突破性的成果。她并没有根据哈希值还原出原始信息，而是证明了MD5在安全性方面的弱点——抗碰撞性不足。她的研究成果表明，有办法在很短时间内找到另一组可以产生相同哈希值的信息，而这恰恰是哈希函数算法的噩梦。也难怪CRYPTO 2004的会后报告总结道："我们该怎么办？MD5被重创了，它即将从应用中淘汰。SHA-1还活着，但也见到了末日。"

这并非杞人忧天。就在2005年2月，王小云、殷益群和于红波发表了对完整版SHA-1的攻击，只需少于2^{69}步计算复杂度之内，就能找到一组碰撞，而在此之前要破解SHA-1至少需要2^{80}步计算。同年8月，王小云联手著名计算机学家姚期智和姚储枫夫妇宣布，已能将破解SHA-1的计算量缩减到2^{63}步。

2006年，美国国家标准与技术研究院要求美国联邦机构在2010年之前必须停止使用SHA-1,并于第二年向全球密码学者征集新的国际标准密码算法。在此之后,针对SHA-1攻击方法的研究仍未停止,2017年,荷兰国家数学与计算机科学研究中心和谷歌公司宣布,在经过9 223 372 036 854 775 808次计算后,他们攻破了SHA-1,并发布了两个有相同SHA-1哈希值但内容不同的PDF文档作为证明。

今天,加密和破解的较量仍在继续。

试试自己编密码

每个人都可以利用所掌握的知识编一套属于自己的密码,下面介绍笔者编制的一个特别简单又好用的密码。

首先我们来写一句话作为明文:

小朋友们大家好。

然后,我们把它转化一下,具体的做法是先给这句话标注上拼音:

xiǎo péng yǒu men dà jiā hǎo
小　　朋　　友　　们　　大　　家　　好

然后,我们把声调用数字表示,轻声为数字0,平声为1,如此类推去声为4。于是音节变成了:

xiao3　peng2　you3　men0　da4　jia1　hao3

接下来,我们要把音节中的字母变成数字,规则是a为01,b为02,按字母表依此类推则y为25,z为26,最后,再把由声调变成的数字按约定的字母与数字的对应关系,转换成字母。于是,这句话就变成了:

24090115d　16051407c　251521d　130514a

0401e　100901b　080115d

然后,我们把所有的字母和数字连在一起,就变成了:

24090115d16051407c251521d130514a0401e100901b080115d

怎么样,若不知道密码编制规则,是不是看不明白这句话是什么意思了?

接下来,请你考虑三个问题:

1. 假如你手里有密钥,你该怎么解密呢?

2. 假如你手里没有密钥,你该如何破解这个密码呢?

3. 假如有人能破解你的密码,你怎样增加密码难度呢?

关于最后一个问题,这里有一个小提示:想想本章讲过哪些密码,选一个和你的密码结合起来,就等于在原有的围墙外面又修了一道墙。

第四章

福尔摩斯和信息管理

)

"信息"这个词你一定听说过,我们现在的社会就常被称为"信息社会"。信息几乎无处不在,对我们的生活也很重要,以至于有人说,我们生活的这个世界是由物质、能量、信息三种东西组成的,而"信息社会"这个说法,说明信息已超越物质和能源成为社会的重要资源。

走近信息

信息与信息载体

"信息"这个词出现得很早,南唐诗人李中在《暮春怀故人》中曾写道"梦断美人沉信息,目穿长路倚楼台",宋代的大文豪苏轼的《老人行》中也有"故国日边无信息,断鸿空逐水长流"的诗句。到了现代社会,"信息"这个词的含义已经发生了很大的变化。那么,现在的"信息"这个词到底是什么意思呢?

信息学家们给"信息"做了一个工作定义:**信息是消除某种不确定性的东西**。这个定义包含两个关键词:"消除不确定性"和"东西"。前者是指信息的功能,说明信息的存在能够让某些以前不确定的东西变得确定。后者是指信息的形态,也就是"信息长成什么样子"。之所以笼统地形容为"东西",是因为信息的形态很多,无法用一个确切的名词来指代。

我们先来看几个例子:

老师告诉我们1月7日起进行期末考试——这条信息消除了我们对于期末考试日期的不确定性;

新买的遥控车配套的说明书告诉我们,要先按车身上的电源键,再用遥控器遥控——这条信息消除了如何启动遥控车的不确定性;

去一个新地方,地图导航提供的信息为我们消除了到达目的地的路径和方式的不确定性;

在网上购买运动服,商家提供的图片信息消除了衣服款式、颜色的不确定性；

一段面点师制作蛋糕的视频信息，消除了蛋糕制作方法的不确定性。

老师的话语，说明书上的文字，导航中的地图和提示，运动服的图片，做蛋糕的视频……这些"东西"帮我们消除了各种各样的不确定性，那么它们就是信息吗？准确地说，并不是。这些语音、文字、图形、图像、视频是信息的载体，它们所表达的**内容才是信息**。

当我们知道了1月7日开始期末考试这一信息后，我们可以口头（通过语音）告诉爸爸妈妈，可以发微信或短信消息（通过文字）给爸爸妈妈，还可以在日历上1月7日这个日期上画上一个大红圈（通过图形）展示给爸爸妈妈。无论载体（即信息的形态）是什么，信息本身都不变。

有些时候，信息看上去是没有载体的。比如，我们看了做蛋糕的视频，把用什么原料和工具，每一步都怎么操作全都记住了，那么下次我们自己动手做蛋糕的时候，把原料准备齐全，直接开始做就可以了。这个时候，我们既没有把蛋糕制作流程背诵出来，也没有写出来或画出来，这个流程仅仅存在于我们自己的思维中，它看似没有载体，实际上我们的思维就是它的载体。

在我们要对外传播信息（不是光自己知道就可以，还要让别人也知道）的时候，信息一定是需要某些特定载体的（思维无法起到这样的作用）。

信息的直接载体包括：数字、文字、图形、声音和视频等，能够**显式地**消除我们某些不确定性的东西。这些直接载体一般并不能独立存在，还需要"落到"一个具体的物体上。拿文字来说，总要写在某种可以书写的材料上，比如纸张、布匹等。音频、视频的要求更高，需要录制在磁轨、磁带等直到近现代才出现的材料上。现在多数信息都电子化了，无论是文字、图片，还是音频、视频，都可以成为二进制文件，但即便如此，它们还是需要存储介质来存储它们。因此，我们不妨扩大一步，把**承载信息的具体物品也叫作信息的载体**。若按照这样的定义，信息的载体都有哪些呢？下面，我们按照时代发展来归纳一下。

在史前时期（文明史之前），人类还没有发明文字和技术，人类社会也还没有成型，对于信息的记录手段非常有限。我们现在能够肯定当时已经存在的信息载体，也就只有记事的绳结和壁画了。

后来，文字被发明出来，记录信息的手段也多了起来，玉璧、青铜器、龟甲和兽骨等都可以用来作为文字、符号的承载物。随着要记录的信息逐渐增多，长篇幅的文字记载开始出现，之前的承载物已经不够用了，于是竹简、帛等材质开始作为文字书写的材料。有了可以写作长篇的内容的材质，长篇的记叙和论述的形式——书籍，开始出现了。

"书籍"的"籍"字是竹字头，这是因为"籍"的本意是记录古代登记赋税、户口等信息的档案文书，这些文件最初就是刻在竹简上的。再后来，蔡伦发明了纸张，这是一种便宜、轻便的书写材料，它逐渐成了书写、绘画的主要材质。

进入现代社会以后，随着造纸、印刷、摄影、摄像、录音等各类技术的发展，各种类型的信息载体也开始蓬勃发展，其中就包括我们常见的图书、期刊（杂志）、报纸、文件、唱片、磁带、光盘、磁盘等。

从某种意义上说，人类是载体的源头，如果没有人类的创作，那么诸如语言、文字/数字、图形、视频等也就不可能存在了！

无论我们脑子里装了多少信息，我们都不可能直接把它们转移到别人的脑子里去，让人家瞬间明白我们在想什么。所以，当我们希望他人了解我们的所思所想、所知所见的时候，往往需要借助一套"符号系统"。符号系统有很多，前文提到的语言、文字和图形都是符号系统，此外像数学符号、五线谱、摩尔斯码、旗语、程序设计语言等也属于符号系统。它们拥有一个共同的特性——全部都是人为定义的。

迄今为止,在现实生活中我们接触到的绝大多数信息都是通过符号系统来传达的。因为这些符号是人为定义的,所以要想掌握它们,人们就必须要经过一个学习的过程。比如,我们在读小学的时候,花费了大量的时间用来识数、认字;掌握3000个汉字大致消耗了四五年时间;学习灵活使用阿拉伯数字和算术运算符号进行最简单的加减乘除也要花费两三年时间。整个过程虽然漫长却非常必要,没有进行过这些学习,我们就不可能阅读、计算,也就无法进行自我学习,获取我们所需要的信息,更不可能有效地对外表述自己所掌握的信息。想象一下,一个不识字的人在现在的社会环境中生活会遇到怎样的障碍?要对这个问题有深刻的体会,我们必须知道信息对我们有多重要。

信息的重要性

回答信息的重要性前,我们可以先来思考下面几个问题。

第一个问题:如果一个人不拥有任何信息,他/她能生存吗?

答案是:可以。刚出生的小宝宝就不拥有任何信息,但却本能地会吮吸,只要妈妈给他/她喂奶,小宝宝就能生存下去;医院里的植物人连思维能力都没有了,当然不可能拥有任何信息,但依靠现代医疗技术,还可以存活。

第二个问题:如果一个人不拥有任何信息,他/她能独立生存吗?

这个问题的答案是:不行。毕竟,一个小宝宝在没有人喂的情况下,连什么东西能吃都不知道,只能饿死;植物人离开了现代医疗手段,也无法活下去。

所以,信息的重要性毋庸置疑。离开了信息,我们根本无法独立生存,更别说生活了——我们日常生活中的衣食住行,学习工作中的知识、技能、业余时间的休闲娱乐,乃至我们和周围人的交往(想想通讯录吧),无一不是由各种各样的信息支撑起来的。

信息不仅是我们生活中不可或缺的资源,也是一股威力巨大的力量!知识是用一套或者多套符号系统对客观事物进行的描述,它也是一种信息。弗朗西斯·培根曾有一句名言:"知识就是力量!"如果你比别人拥有更多的知识,就可以解决别人解决不了的问题,做别人不会做的事情,这些知识可以使你成为稀有的高级人才,甚至创造伟大的成就!

在经济学中,有一个说法叫作"信息不对称",这个概念是美国经济学家约瑟夫·斯蒂格利茨、乔治·阿克尔洛夫和迈克尔·斯彭斯在1970年共同提出的,指的是在市场经济条件下,买卖双方不可能完全拥有对方的信息。在这种情况下,拥有信息多的一方就可以谋取更大的利益,而使另一方的利益受到损害。这里买卖双方所拥有的信息就不仅限于知识,还有原料产地、商品成本、运输费用等商业信息。这三位经济学家因对这一理论做出的杰出贡献而荣获2001年诺贝尔经济学奖。

后来,"信息不对称"也被扩大到了更多的领域中,泛指某些人掌握了大多数人所不掌握的信息后,因为"比别人知道得多,知道得早"而获得益处。比如,现在学科发展得非常迅速,很多新的学科领域不断涌现,大学中经常会出现新的专业,这些专业在刚开始招生的一两年录取线普遍相对较低,其中那些知名大学的优秀专业往往在三年以后录取难度骤增。原因就在于,刚开始招生时新专业招录的人很少,因此报考的人也就少。等到大家都知道了,报考人数忽然变多,录取分数自然水涨船高了。类似的情况还有很多,说"信息就是力量"也不为过。

前面提到的这些信息几乎都是显式地消除我们某些不确定性的东西,

而有些信息有**隐匿性**,人们需要通过其载体经过思考与判断后将其寻找出来。在《四签名》中,福尔摩斯从华生佩戴的一块怀表上看出了他的家庭关系,怀表的样式、上面的划痕都是信息。在《鹅肚里的宝石》中,福尔摩斯通过一顶帽子推断出了帽子主人的生活习惯和家庭情况。在《金边夹鼻眼镜》中,他又通过一副眼镜推断出了眼镜主人的一些情况。对于像福尔摩斯这样精于推理的大侦探而言,简直"万事万物皆信息"。

信息的真伪与多少

世界上的信息都是真的吗?当然不是,假的信息大量存在,甚至有可能比真实的信息还多。这些假信息里,有些是被某些人故意制造出来,用来获利的,比如各式各样的诈骗;也有一些是因为人类对于客观事物的认知不够而造成了误解,比如中国古代的"天圆地方"、西方早期的"地心说"等说法;还有一些是在交流沟通中产生的谬误,"鲁鱼亥豕"这个成语指的就是书籍在撰写、誊抄或刻印过程中出现了文字错误,将"鲁"写成了"鱼","亥"写成了"豕",结果传递了错误的信息。

假信息如此之多,我们必须要学会分辨真假。最有效的分辨方法就是实践,即亲自去验证信息的真伪。举个例子:冰水混合物的温度是 0 摄氏度,这条信息到底要如何去验证真伪呢?我们可以自制一杯冰水混合物,然后用温度计去测量一下。

但在很多情况下,受制于条件、时间和自身的知识水平,我们无法通过实践去辨别已知信息的真假。比如,如何通过实践来验证"地球是个球体"?

也许你会说,找一个海边,观察从海平线那一边驶过来的船只(需要是帆船或者邮轮这种有一定高度的船)。的确,若它们是顶部先出现,随着行驶渐进,全身才逐步露出来的话,则可以证明地球表面不是平的,而且是有曲度的弧面。但这无法证明地球是个球体，因为弧面也可以存在于椭圆体上。也许你又会说，不是有那么多从太空拍摄的照片吗，一看不就知道了。但是请注意，不管有多少从太空拍摄的地球照片，其中有一张是你自己到太空中去拍摄的吗？如果没有，那么所有的照片对于你而言都是"二手信息"，你对地球形状的了解，也只能是来自"二手信息"。

在这个信息爆炸的社会中，面对这些难以通过实践验证的信息，我们应当如何来判断其真伪呢？或许我们可以依靠通过以下这些手段来判断：

专业知识。如果你正好是某一条信息所涉及领域的专家，你当然可以通过自己的专业知识来判断它的真伪。

常识和逻辑。随着现代社会的分工细化，每一个人的专业领域都变得越来越窄，更不用说很多正在读中小学的学生了。因此，通过专业知识，人们最多只能够判断部分信息的真伪，对于大多数信息仍然无能为力。这个时候，就需要依靠我们的常识和逻辑推理能力来帮助判断了。

常识指社会上智力正常的人普遍拥有的知识。一般来说，这些知识不是通过读书学习获得的，而是在日常生活中积累获得的，因此，常识在很大程度上可以算作"一手信息"。当我们发现某一信息中有很多与常识相违背的内容时，就要警惕它的真实性了。当然，有一点需要注意，不要把偏见当作常识，也不要把某一个特定环境内的常识扩大化。

相比常识，逻辑推理的判别能力相对更客观。逻辑推理是指判断信息的内容是否符合逻辑。如果信息本身自相矛盾，那么它的可信性就要画个问号了。通过逻辑推理判断信息的真伪有一定的难度，需要具有足够的逻辑知识和技巧，具体参见"福尔摩斯和推理"一章。

信息来源。常识和逻辑最多能帮我们排除一些明显错误的信息，但有些信息已经超越我们个人的分析力时，该怎么办呢？那就只能依靠信息来源了。我们可以简单地把"信息来源"理解为我们听到/看到这条信息的地方。比如,"地球是圆的"是我们从教科书里看到的,教科书是它的信息来源;"沪的部首是三点水"是我们从字典里看到的,字典是它的信息来源;"××博物馆儿童节当日儿童免门票"是我们从博物馆官方网站上看到的,官网是它的信息来源。

相对而言,官方、权威的信息来源要比私人、自媒体的可信;学术书籍、刊物、会议文章要比一般的报道可信;公认的经典言论比不知来源的提法可信。当然,这些并不是百分之百正确的,历史上不乏真理掌握在少数人手中的情况。但是,当我们面对自己完全不懂的领域时,相信官方和权威仍然是相对可靠的。这就像我们购买商品要选择大品牌一样,大品牌虽然也会有生产事故,也会有产品缺陷,但毕竟还有相应的品质控制流程,整体上要比小作坊加工的"三无"产品安全可靠得多。

除了真伪之外,信息的多少也很重要。举一个简单的例子:

1. 这是一朵非常好看的花。
2. 这是一朵初绽的红色堆绒玫瑰。

这两句话的字数差不多,但第一句话所能表达的信息只有两个:1.花;2.好看;而第二句话却告知了这朵花的品类(玫瑰)、品种(堆绒)、颜色(红)和状态(初绽)。不用思考,我们就知道第二句话的信息量更大。

"信息量"这个词意味着信息是可以度量的。长度可以用毫米、厘米、分米、米等单位度量,可以用尺、测量仪等工具对物体的长宽高进行测量;物体质量可以用克、千克、吨等单位度量,可以用秤对物体称重。那么,信息的单位是什么?用什么方法或工具来测量它呢?

对这个问题,人类探索了几千年,直到1948年,现代信息论之父克劳德·艾尔伍德·香农才在他著名的论文《通信的数学理论》中提出了信息熵的概念及其计算公式，解决了信息的度量问题。

什么是信息熵呢？回答这个问题前，我们先来认识一下"熵"。熵原本是一个物理学概念，描述的是事物的混乱程度，由德国物理学家鲁道夫·克劳修斯于1865年提出。熵可以用一个值（数字）来表现，这个值越高，说明它所描述的事物越混乱。而信息的不确定性和混乱程度有相通之处，想想看，是不是信息越混乱就越不确定？

信息熵正是香农从物理学中的熵的概念借用来，用以描述信息源的不确定度的概念。香农提出了具体计算"信息熵"的公式：

$$H = -\sum_{k=1}^{n} p_k \log_2 p_k$$

这个公式中的 H 是信息熵，p_k 表示一条由 n 个符号组成的信息中符号 k 出现的概率。香农还为信息熵选择了一个单位：比特（bit）。从公式中，我们可以看出，信息总量的多少与相应信息出现的概率极为相关。掌握一定的对数和指数知识后，我们可以看出，p_k 数值越小，H 越大。回过头来，我们看之前的两句话：第一句话的词语更常见，即出现的概率更大，所以表达的信息量相对少。

信息量的计算还是相当复杂的，在生活中，我们如何来判断信息量的多少呢？不妨借用香农总结出的信息熵的三个性质：单调性、非负性和累积性。

非负性比较好理解，即信息熵的值不能为负数，因为负的信息增加事物的不确定性，是没有任何意义的，或者说不符合信息熵定义的逻辑。

累积性是指，多随机事件同时发生存在的总不确定性可以表示为各事件不确定性的量度和。衡量上面举例的两句话所包含的信息量时，说到底运用的就是信息熵的累积性。

信息熵的单调性,指的就是发生概率越高的事件,其所携带的信息熵越低。

接下来,请来判断一下:"太阳从东方升起"这句话携带了多少信息量呢?

通过常识我们知道"太阳从东方升起"是一个确定事件,从信息消除不确定性的角度上来说,这句话携带的信息量几乎为"零"。

信 息 管 理

信息既然这么重要、这么有用、这么丰富,又时常出现真假莫辨的情形,显然我们得对它进行管理。

管理信息最好的方法是不是把它们全都记在脑子里呢?这样,无论需要什么,只要那么"一想",就知道了!这个想法固然很好,但遗憾的是,世界上的信息太多样、太丰富了,而人类的脑容量是非常有限的,不管记忆力多强的人,也不能把所有信息都记住。即便像福尔摩斯这么聪明而且重视信息的人,也没有把所有事情都记在脑子里。

大侦探的信息管理

福尔摩斯是一个非常理性的人,他能够正确地意识到人类生理的极限,有意识地去训练自己记住一些必要的事情,忘记一些不重要或者已经失效的事情。大多数普通人没有福尔摩斯这样的自觉性,不过我们还是会在不知不觉间更新记忆。一般来说,我们会记住近期的大部分事情,而越遥远的事情,记住的就越少。如果我们现在仍然记得几十年前发生的事情,那些事情恐怕都是一些"大事"。我们天生的遗忘机制在帮我们筛选重要的、正向的、快乐的事情,而把那些琐碎、负面、悲惨的事情过滤掉。

但是,就算人们能够更新自己的记忆空间,仅凭大脑来记录肯定是不够的。毕竟,脑外面的信息远远多于我们能记住的部分。我们需要借助一定的手段,把它们记录下来,按照一定的方式存放好,并设计出一种办法能够在需要时迅速、准确地找到所需信息,这也是信息管理的目的。

福尔摩斯作为一个大侦探,他面对着很多信息,那么他是怎样来管理自己信息的呢?我们可以从案件信息、技能信息、情报信息三个方面入手。

1. 案件信息

福尔摩斯破过许多案子,华生形容福尔摩斯在1882—1890年破过的案子时,曾说过"浩如烟海,实在太多了",在面对这些案卷材料的时候,华生都不知道该如何取舍了。注意,这只是8年里福尔摩斯破过的案件数量,如果要计算福尔摩斯一生中破过多少案子,恐怕数量就更大了。按照福尔摩斯的说法,他到1889年已经破获了500多起案件了(《巴斯克维尔的猎犬》),到了1891年,这个数字猛增到了1000多件(《最后一案》)。你看,两年的时间里他就办了至少500起案件,差不多一天半就要解决一件,这么庞大的数量也无怪乎华生要感叹了。

能不能在破案之后就把这些案件的信息往脑后一抛,再也不管了呢?当然不能。在福尔摩斯探案故事里,我们经常可以看到他提起之前办过的案子,显然,他需要从过去的案件中总结经验,帮助他在未来解决相似的案件。

最早的时候,福尔摩斯对于案件信息管得不怎么好。按照华生的说法,"他的文件越积越多,屋里每个角落都堆放着一捆捆的手稿"。如果你以为这只是福尔摩斯的全部案卷,那就大错特错了,因为福尔摩斯会从卧室里拖出一个大箱子。这个箱子里有什么呢?还是一捆捆的文件。"这些都是在我没成名以前办的案子。"福尔摩斯说完,又从箱子里拿出"一张揉皱了的纸、一把老式铜钥匙、一只缠着线球的木钉和三个生锈的旧金属圆板",按照福尔摩斯的说法,这些都是一起案件中的东西。

  对于这些文件,福尔摩斯"决不肯烧毁,而且除了他本人外,谁也不准把它们挪动一寸"(《马斯格雷夫礼典》)。显然,这种管理方法是非常混乱的,可能只有他自己搞得清楚他都办过什么案子,案件的资料放在哪里,但他也只是凭自己的记忆来管理这些资料。

  后来,华生成了福尔摩斯的助手,他开始帮助福尔摩斯管理案件信息。在《带斑点的带子》中,华生说:"8年来,我研究了我的朋友歇洛克·福尔摩斯的破案方法,记录了70多个案例。"到了《巴斯克维尔的猎犬》里,福尔摩斯和华生开始使用案件统计表来管理案件信息,这时他们已经开始给案件编目录了。后来,在《戴面纱的房客》中,他们又把文件都按年份顺序摆放在书架上,有的文件还放进了文件箱,这时他们的信息管理已经变得井然有序了。除此之外,他们还在查令十字街的考克斯有限公司的银行保管库里存了一个锡质文件箱,文件箱上刻着华生的名字,里面则存着福尔摩斯在不同时期所侦查过的案情记录,其中有些案子没能侦破,还有一些一旦公开就会引起许多人的恐慌(《雷神桥之谜》)。显然,他们对案件信息的安全性也很重视,把一些必须严格保密的文件存在了比贝克街221B更安全的地方。

  这些案件信息的资料中,有60个案子被写成文字出版,还有43个案件虽然没有发表,但也在文中提到了。华生自然是对自己的作品十分满意,那么福尔摩斯怎么看呢?一开始,他说:

    我约略看过一遍,实在不敢恭维。

                ——《四签名》

  显然,一开始福尔摩斯对于华生对案件信息的加工是不满意的,他认为华生的创作感情用事,就像在几何定理里掺进了恋爱故事一样。但后来,随着华生的写作越来越贴合福尔摩斯的趣味,他也开始夸奖华生:

> 你加以突出的并不是那些我曾经参与过的许多著名案件的侦破和轰动一时的审讯,而是那些本身情节可能是平凡琐细的案件,然而这些案件有发挥推论和逻辑综合的才能的余地。
>
> ——《铜山毛榉案》

2. 技能信息

你应该还记得华生给福尔摩斯列的那张清单吧?在这张清单里,华生列了12条有关福尔摩斯知识和技能范围的情况。毫无疑问,福尔摩斯的这些知识和技能不是从天上掉下来的,他也需要经过学习才能获得。在《马斯格雷夫礼典》和《格洛里亚斯科特号三桅帆船》中,他两次提到他上过大学。开始侦探生涯后,他还喜欢在贝克街221B做化学实验,更不用提还会在房间里练习射击,当然,阅读也是他的爱好之一。

华生一开始不清楚福尔摩斯为什么会对有的学科特别精深,又对有的学科一无所知。后来他才知道,这是因为福尔摩斯是一名侦探,他掌握的内容基本都是他在侦探工作中用得上的。对于那些他觉得用不上的知识,他则会尽力把它忘掉(《血字的研究》)。

在此,福尔摩斯对他的技能信息做了个简单的分类,用不上的他就不去学习,即便懂了也要忘掉。他把自己的脑袋比作一座小阁楼,认为只有工作中有用的小工具才能放到这个阁楼里面,这样一来,工具就能样样具备,有条有理,能随时取用(《血字的研究》)。不过,没放在脑袋里的技能和知识他也没有真的丢掉,而是放进了藏书室里(《致命的橘核》)。福尔摩斯就是靠着这些技能,不光破了许多案件,还发表了12篇研究论文。

3. 情报信息

作为一个打击犯罪的侦探，福尔摩斯必须了解很多犯罪组织的情报，同时，他还要帮助英国政府完成很多秘密任务，所以，他也要搜集各种军事和政治情报。相比于案件信息和技能信息来说，情报信息显得十分神秘，来源也很多、很杂。

对于福尔摩斯来说，最重要也是最公开的一个情报来源就是和委托人面谈。一个委托人想请福尔摩斯帮忙破案，就必然会提供给他很多关于这个案件的情报。福尔摩斯也会通过新闻获得一些情报，他还会把报纸上的重要新闻剪下来贴在一个本子上（《三个大学生》）。福尔摩斯在破案的过程中也会掌握很多情报，这些情报有的是他自己调查出来的，有的是他委托自己手下那支著名的情报组织——贝克街小分队——调查出来的。他在犯罪组织里有自己的线人，比如在《恐怖谷》里给他写密码信的波尔洛克。他在政府部门里有自己的消息源，比如苏格兰场的葛莱森和雷斯垂德，以及他那位在政府部门工作的哥哥迈克罗夫特，他们都会给他提供很多官方掌握的情报。同时，福尔摩斯还有很多未知信息源，有时候，我们可以看到福尔摩斯掌握很多情报，但说不清这些情报是哪里来的，显然福尔摩斯还有很多他从没提过的信息源。传递情报信息的方式也多种多样，有时是面谈或者当面汇报（比如，贝克街小分队就

《三个大学生》的插图

喜欢冲到贝克街221B，咋咋呼呼地向福尔摩斯汇报刚获得的情报），有时是通过电报来传递的，有时则会使用密码信来传递。

对于福尔摩斯来说，情报信息显然十分重要，并且大部分都需要保密，所以他一般把这些信息都保存在他的脑袋里。

个人如何管理信息

大多数人可能不需要像福尔摩斯储存和处理那么多的信息，但在"信息爆炸"的时代，我们所面对的信息量同样不容小觑。如何整理信息、储存信息的确是门学问，要讲究方法。就个人而言，我们暂且可以按照信息的重要性，将其分为核心信息、学习信息和扩展信息三类。

核心信息：指我们自己和家庭成员的个人信息，包括自己的姓名、年龄、工作单位/学校、职位/年级、家庭住址、联系方式（如手机号、微信号、电子邮箱等）、身份证号、驾驶证号、收入、银行账户、电子支付账户、各类网站登录信息等，以及家庭成员的此类信息。

学习信息：主要是指和我们学习相关的信息。现代社会是学习型社会，即使离开了校园，也需要不断自我提高。学习的方式有很多种：学生们在学校的主业就是学习，每天都要上学；已经工作的朋友可以通过阅读等方式自学，也可以在业余实践中参加学历课程或培训。但无论学习方式是怎么样的，有一点是不变的：许多关于学习的信息都需要管理。比如，自习/培训/课程的种类、时间和地点，各科/领域的课本/核心读物、笔记本、练习/作业、试卷及参考资料等。

扩展信息：泛指所有核心信息和学业信息之外的信息，主要涉及娱乐和休闲生活。具体内容可能五花八门。

有些人喜欢旅行，可能去过很多地方，那你记得什么时候去过哪里？那些地方有什么特色？旅游的照片放在哪里了吗？下次旅游，你还想去哪里？自己可以设计路线、安排日程吗？

有些人有自己的爱好，比如，喜欢收藏，那么你有多少藏品？都是什么来源？品相如何？在家里你怎么存放这些藏品？你还保存着它们的证书或相关材料吗？还有什么东西可以佐证藏品的价值？

这类信息能够延伸出许多问题，为我们的生活提供更多的可能性！

知道了需要管理哪些信息，下一步就是搞清楚如何管理这些信息，厘清个人信息管理的工具和方法。由于核心信息的特殊性（极为重要且相对有限），我们最好在脑中牢记它们，切勿随意将它们泄露出去，对相关内容的保存更是要特别谨慎。对于其他信息，比较推荐的管理方法是"**分类+索引**"。

每个人都有自己的信息类目和分类原则，具体操作可视个人情况而定。比如，学生的学习资料可以按照科目划分，员工的工作资料可以按照项目名称划分……如果信息的交叉性较大，难以直观分类，也可按照上面给出的三个大类，即核心信息、学习信息及扩展信息进行划分，如果内容太多还可在其下方继续设立更小的类目。

在分类的基础上辅以索引，可以让我们更快、更便捷地找到相应资料，而编制索引的过程正是我们全面整理资料的过程，对索引的增删也是资料更新的体现。索引可以很复杂，也可以很简单。"男主人的学历学位证书放在电视柜最下面抽屉的左侧的纸盒里"就是一条索引，因为它记录了信息的位置。而索引的核心就是引导我们找到某一条信息的所在位置。

当然，如果所有索引都这么记载，恐怕不好读，推荐采用"**倒排表**"（又称倒排索引）的方法。最简单的倒排索引就是将索引记录中涉及的术语按词语进行分割，然后将语序倒过来排列。比如，上面的例子里"男主人的学历学位证书"倒排的结果是"证书/学历学位/男主人"。这样调整过顺序的索引记录和诸如"证书/学历学位/女主人""证书/奖励证明/三年级/儿子"等记录就很自然地归类在一起,并进行排序。当我们想要查找具体的证书时,也方便通过证书这一"大类"锁定索引记录的位置。

和方法相辅相成的是工具,针对简易分类加倒排索引的方法,推荐两种既适合家用又廉价易得的工具:**标签和文件夹**。

标签无论是用在纸质资料上,还是用在承载了资料或物品的盒子上,都非常有用,它可以提示我们信息的内容和重点。而文件夹可以将零散的纸质资料分类分装,与标签结合起来之后,还可以把原本乱作一团的各种笔记、试卷、册页等资料整理得井然有序、一目了然。

利用这些简单的工具,我们可以很轻松地划分和标识个人信息。而标签和笔记本结合起来,则可以制作索引目录。

企业如何管理信息

相对于个人信息管理,企业信息管理要复杂得多,且其复杂程度与企业的规模及业务种类关联密切。大中型企业员工众多,日常的生产经营活动除了自身产品领域外,还会涉及金融、财会、法律等方面的相关事务,信息内容形式多样、数量巨大,而且往往一条信息(例如一份合同)就会涉及多名人员甚至多个组织机构。此外,和个人信息整体上相对稳定不同,企业信息往往处于不断变化之中,且同一条信息往往需要多个部门共享,因此,信息在企业内部有一个流动的过程。这也使得信息流和物流、现金流一样,成了企业业务必妥善管理的流程之一。

如此复杂、多样的需求,导致企业信息管理成了一项系统工程。在计算机技术高度发达的今天,越来越多的企业引入信息管理软件。我们现在常说的企业信息管理系统,一般指计算机软件系统。下面,我们将通过信息管理系统的架构、逻辑结构和支持技术,认识信息系统及信息产业。

1. 信息管理系统的架构

信息管理软件的发展历史长达数十年,软件的系统架构也随着计算机技术的发展,从早期的集中式发展为分布-集中式,再到如今的分布式架构,已经历了几代。

集中式信息系统是指以一台主机作为信息存储管理的主体,多个终端从/向同一台主机中读取/录入信息。这种架构在计算机还是大型机的时代就已经出现了。受限于当时的计算机软硬件技术,该系统缺乏系统灵活性和扩展性,可靠性也不强。简单来讲,如果信息存储过多,硬盘储存空间不足,就需要增加新的硬盘,那么计算机的操作系统和信息管理软件都需要更新,非常不便。而且如果这台唯一的计算机发生故障,就会导致整个系统的瘫痪。

到了20世纪70—80年代,微型计算机和计算机网络被发明了出来。当时的微机整体运算能力和功能都十分有限,人们把它们和大型机结合起来,形成分布-集中式架构,微型计算机分担了大型机原有的部分责任,相互之间通过网络交换信息。这种架构在一定程度上解决了灵活性问题,但由于系统仍要以唯一的大型机为中心,可扩展性的问题只得到了部分缓解,而未能获得解决。

20世纪90年代后,计算机网络技术和分布式计算大规模发展,个人计算机乃至笔记本电脑的功能都得到了大幅提升,软件系统衍生出了新的分布式架构。多台普通微型计算机、工作站作为平等的节点均摊了原本由一台大型机承担的工作,在运行过程中还可以随时增减节点,资源也可以随着信息量的变化扩展或缩减。在出现故障的情况下,也能以很低的成本替换故障节点。由于上述种种优点,分布式架构成了信息系统的主流。

2. 信息系统的逻辑结构

从计算机软硬件的技术层面来看,当下的信息系统采用的是分布式架构。从计算机的功能角度来看,信息系统是按照子系统的不同功能(即逻辑结构)进行划分的。

逻辑结构基于企业内组织的业务功能,比如对于一个制造型企业,典型的功能包括:研发、生产、销售、市场、财会、物资、人事和管理等。每种业务都有信息需求,也会产生相应的信息流,从而需要按照智能需求设计信息系统的子系统,然后在各个子系统之上,形成统一的企业信息系统。整体系统需要支持企业内不同层次的需求,比如支持第一线员工日常的作业控制,支持中层的管理监督,支持高层的战略规划等。于是,就产生了作业控制子系统,以处理大量各种格式业务数据并形成数据处理结果;管理监督子系统,供中层管理者编制规划和预算,分析执行情况并提供经营情况的综合报告;战略规划子系统,基于中层数据分析结果进行数学建模,来探索实现企业目标。

3. 信息系统的支持技术

实现子系统的各种功能,需要有先进的支持技术,比如大数据和人工智能。大数据技术泛指对巨大量、多种格式的数据进行清洗、存储、管理、分析的技术集合,而人工智能领域的机器学习和深度学习则是对数据进行数学建模的基础。

现实世界是由万事万物构成的,而计算机能够处理的只有数据,因此,当我们用计算机来协助处理日常事务的时候,首先要做的一件事就是对这些事物**数字化**,这是使它们能够被计算机处理的基础。

"数字化"就是把一个物体、图像、声音、文本等,转换为一系列数字的集合。比如,一张图片的数字化是将其分割成若干的像素,每个像素用R(red,红色)、G(green,绿色)、B(blue,蓝色)三种颜色分量对应的三个0—255的值来表示;一段声音的数字化是将记录下来的模拟声波经由傅里叶变换转化为若干三角函数的叠加;文本的数字化是针对不同字符体系进行编码,将某一字符转化为一个特定的数字"号码";等等。如今,计算机的分层技术已经解决了将实际存储的信息形式和显示信息的形式分离。虽然在实践中,存储在计算机存储设备上的数据通常都是二进制形式的,但严格来说,任何把模拟源转换为任意类型数字格式的过程都可以叫作数字化。

对于在计算机中存储的信息,我们统一称之为"数据",而不再用"数字"一词,所以数字化又可以称为"数据化"。当我们把海量事物数据化之后,要面对的第一个任务是将它们组织起来,使它们变得有序。这样的需求催生了一个新的产业:信息产业,即从事信息产品生产开发与流通服务的产业群体(有时候人们提到信息产业时把信息技术设备制造也归于其中,但其实设备制造更接近于一般制造业)。

信息产业属于知识、技术、智力密集型行业,它的核心技术是计算机、通信等高新科技,主要资源是信息资源,并以知识和智力的研发、交流为主要职能,人类社会的知识大多集中在信息产业,从业者的入行门槛和综合素质整体高于一二产业及传统服务业。这些产业特征源于社会对于信息产品和服务的需求,而这些特征反过来又推动了产业的发展。

2018年12月,中央经济工作会议确定2019年重点工作任务时提出"加强人工智能、工业互联网、物联网等新型基础设施建设",这是"新基建"这一概念的首次"亮相"。在随后一年多的时间里,中央多次提出加大新基建的投入力度。而新基建中的5G网络、大数据中心、人工智能、工业互联网等领域则都属于信息产业的涵盖范畴。不难想象,信息产业真正大放异彩的时光,还在将来。

图书馆信息管理系统

信息管理系统既是技术系统,同时也是社会系统。与个人和企业的信息管理相比,类似于社会组织机构的事务管理所面对的信息量或许更为巨大。在相应的管理系统中,图书馆的信息管理历史悠久,是人们较为熟悉的社会信息管理系统。那么,它是如何演变并发展的呢?

世界上最早的图书馆是古代亚述王朝的国王亚述巴尼拔为自己建立的私人图书馆——亚述巴尼拔图书馆,最著名的古代图书馆则是始建于古埃及托勒密一世时期的亚历山大图书馆,我国最早的图书馆是西汉时期的中央图书馆。在古代,中国的图书馆又被称为"藏书楼"或"藏书阁",清代的7部《四库全书》(手抄本)保存在全国7个藏书阁里。这7个藏书阁分为北四阁和南三阁,其中北四阁是指紫禁城文渊阁、沈阳文溯阁、圆明园文源阁、承德文津阁,南三阁则是指扬州文汇阁、镇江文宗阁和杭州文澜阁。其中,文渊、文津、文溯阁藏书得以保存,文澜阁藏书散落民间,后来被抢救回了一部分,其他几个藏书阁的藏书均毁于战火。

图书馆分为很多类型,有国家图书馆、公共图书馆、私立图书馆、学术图书馆等,还有针对不同用户设置的军人图书馆、儿童图书馆等。图书馆最基础的功能是整理和保存文献。大部分图书馆应用下面这些方法来进行信息管理。

1. 分类

按照一套人为指定的规则,对信息进行分门别类。这一方法出现得很早,且至今不衰。不同国家的图书馆采取的分类方法各不相同,比如,美国等西方国家多采用杜威分类法,中国的图书馆多采用中国国家图书馆分类法等。虽然它们在类目设置与编码上各不相同,但都属于分类规则。

举个例子:在中国国家图书馆分类法中,TP312是一个类号,这个类号对应的类为"工业技术——自动化技术""计算机技术——计算技术""计算机技术——计算机软件——程序语言""算法语言",归属于这个类目之下的都是讲解程序设计语言的书。"TP312-58"说明对应这个类号的这本书是这一类的第58种馆藏书。

2. 主题(标签)

为文献标识主题词,就是为文献打标签。随着社会的发展,旧有的学科体系、分类体系不断受到挑战,越来越多的跨学科、跨类别文献涌现出来。如果强行把它们归属到某一个类目下,似乎并不太妥当。另外,分类这种体系虽然比较容易揭示不同文献之间的共性,但却磨灭了它们的个性。有什么方法能够简单直接地告诉人们一份具体的文献到底说了什么呢?为了解决这个问题,人们发明了"主题词",即表达文献主题的人工语言。

比如,前面我们提到的"TP312-58",它对应的图书是《算法起步》,除了有类号之外,这本书还有一些主题词:Python入门,经典算法,计算机原理。这说明这本书中包括这三个方面的内容。

3. 索引

早期的索引出现在图书的附录部分,它把书中的重要名词罗列出来,并给出它们相应的页码,方便读者快速查找该名词的定义和含义。后来,图书馆的管理人员将每一本书的基本信息和馆藏信息都记录在一张标准大小的卡片上,然后按一定的标准从书名、作者、主题的角度把所有卡片组织并排列在卡片目录柜中,供读者查阅。读者通过卡片选定了要借的书籍之后,把上面的书号抄下来交给图书馆员,再由馆员去书库中取书。这些卡片为读者提供了多种检索途径,其本质也是一种索引。

4. 现代信息管理系统

前文中提到计算机技术被广泛应用到信息管理领域，你知道计算机的软件设计在很多方面是借鉴了之前图书馆信息管理的方式吗？比如，大多数计算机的操作系统都有"文件"的概念，只不过这里的"文件"并不是几页纸或者一本册子，而是存储在磁盘上的一串二进制代码。而众多系统执行的子命令，其核心就是分类、标签（主题）、索引等原本需要人工劳动的分类法的计算机自动化。今天我们访问一些网站的门户，或者资讯类的小程序，它们的界面多是按照类型分类显示文章、图片、视频等。各类影视、音乐网站上提供的作品都会打上若干标签，用来提示人们这些作品的特征。索引就更不用说了，操作过数据库的读者一定知道，如何建立索引会直接影响数据库的运行；而搜索引擎之所以能够在浩如烟海的信息中找到我们想要的，就是因为它给所有这些信息都建立了索引……正是在这样的思路下，为了解决现实中各种应用信息的问题，各种各样基于计算机软硬件的管理信息系统应运而生，其中自然包括专用于图书馆管理图书的图书馆信息系统。

信 息 安 全

信息管理的另一个重要任务是维护信息安全。信息需要被存储、共享、交换、传输和使用，而这个过程往往会受到各种被动或主动的攻击。这些攻击造成了信息的泄露或破坏，使得信息的安全性受到了威胁。

"信息安全"对于大多数人来说是一个耳熟能详的词。大部分情况下，人们所说的维护信息安全，实际上主要指防止信息外泄，即维护信息的保密性。一般来说，人们都能认识到信息安全的重要性。在上一章中，我们介绍了许多种密码，它们正是不同时期人们为了确保信息的保密性而发明出来的、防止无关人员甚至是敌对方窃取信息的方法或工具。包括我们提到的各种账号的验证口令,在某种程度上,也是为了确保个人信息的安全。

让柯南·道尔和福尔摩斯名声大噪的《波希米亚丑闻》讲述的就是一个有关信息安全的故事。在这个故事里,福尔摩斯的委托人波希米亚国王和"那位女士"艾琳·艾德勒在多年前曾经"有牵连",国王给艾琳寄过几封信,其中还包括一张照片。现在国王将要和一位公主结婚,如果这些信件及照片曝光,国王的婚事就告吹了。国王非常害怕信件会曝光,所以他想了许多方法试图夺回它们,包括雇用福尔摩斯。而艾琳也在努力保护自己手里的照片,她说自己之所以这么做,只是为了保护自己,这张照片是武器,一件能永远保护她不受国王可能采取的任何手段伤害的武器。

在《波希米亚丑闻》中,信件和照片所承载信息的机密性毋庸置疑。若它们落到不认识国王的人手里,也许一钱不值。但若信息不可控,无论是对国王,还是对艾琳来说,都够令人沮丧与害怕的了,毕竟威胁无处不在。

国王努力想保守自己的秘密,一开始甚至连自己的身份都不想告诉福尔摩斯,但聪明的福尔摩斯随即找到了好多破绽,通过信笺纸、书信遣词和国王乘坐的马车猜出了他的身份。显然,国王重视信息安全,却完全不知道如何才能真正维护信息安全。

在故事中,福尔摩斯与国王的对话非常有代表性:

"曾经和她秘密结过婚吗?"

"没有。"

"没有法律文件或证明吗?"

"没有。"

"那我就不明白了,陛下。如果这位年轻女人想用信来达到讹诈或其他目的时,她怎么能够证明这些信是真的呢?"

"有我写的字。"

"呸！伪造的。"

"我私人的信笺。"

"偷的。"

"我自己的印鉴。"

"仿造的。"

"我的照片。"

"买的。"

"我们两人都在这张照片里哩。"

"噢，天哪！那就糟了。陛下的生活的确是太不检点了。"

最后，福尔摩斯也认为这些信息是可用的——至少可以被艾琳用来"达到讹诈或其他目的"。如果有权威的官方文件能够证明国王和艾琳结过婚，那么国王就不能否认这种关系，所以当福尔摩斯听说没有这种东西的时候，他认为这些信息不具有真实性。当国王指出这些信件包含了他的字体、专属信笺和印鉴，以及一张照片时，他都认为真实性不足，因为这些东西都有造假的可能，但当他听到国王和艾琳都在这张照片里时，便惊叫了起来——他发现这些信息的真实性有了百分之百的保证。

《波希米亚丑闻》的故事发生在1888年，这个时候摄影在欧洲已经很成熟了，照片伪造的技术可能已经出现（20世纪初，连中国都出现了相片作假的案例，还不止一起），但还不算成熟，更谈不到流行，通过照片证明国王和艾琳之间的关系是完全合理可行的，这些信息也因此具有了真实性和不可否认性。这样一来，国王亲笔写的那些书信也就对两人之间的关系起到了说明的作用，从而让信息具有了完整性。

所以，福尔摩斯不得不和艾琳作为攻守双方，围绕着这张小小的照片，展开了一场精彩的智斗。这个故事恰好完美诠释了信息安全的丰富含义，除机密性外，还有完整性、可用性，以及不可否认性和可控性。

一场惨烈的攻防战

第二次世界大战时期，各国通过加密的方式保护自己的信息机密性，在这个过程中，有关密码信息的管理尤为重要。在前一章里，我们提到英国人在布莱切利园组织了一个"政府密码学校"专门研究破解德国人的密码，他们将原来的海军密码部门和陆军密码部门从各自的军种里面抽出来，并从全国选调了顶级密码学家、语言学家和数学家等人作为技术骨干，不仅包括前文提到的图灵，还包括参与"40号房间"密码破译工作的密码专家阿拉斯泰尔·丹尼斯顿、语言学家迪利·诺克斯、数学家戈登·韦尔什曼，以及大批填字游戏高手。

为了掩人耳目，一开始这个机构的代号是"雷德利上尉的射击队"，第一批入驻的是负责无线电拦截和窃听的部门，代号"X站"，英国人也就顺势用"X站"来代替布莱切利园了。他们进入庄园之后便竖起了很多天线，随即英国人就意识到无论是一个普通的庄园还是一支小部队，都不需要这么多天线。于是，英国人很快把这个部门连同他们的天线撤了出去，但"X站"这个代号却被保留了下来。在英国人根据破解的德国密码获得了情报之后，将这些情报按照重要性进行分类。我们知道，一般的文件和情报根据保密程度分为绝密、机密、秘密三级，而英国人则在此基础上又增加了一级——超密。布莱切利园提供的情报都属于超密密级，基本上只有首相和部分军方首脑才有权限查看这种情报。

布莱切利园获得的有关恩尼格玛的信息来源主要有三个：第一个是X站截获的大量加密电文，第二个是波兰人无偿提供的他们所有前期研究成果，第三个是战场上缴获的恩尼格玛密码机和密码本，如1941年5月9日，英国皇家海军在一场小规模的海战中俘虏了纳粹德国的U110号潜艇，并从艇上搞到了一台毫发无伤的海军用恩尼格玛密码机和全套海军用密码本。他们在获得了这些信息之后立刻做了认真的整理。在破译之前，英国人首先对这些电报进行了侦向，分析发报地点的大致方位，并根据这个方位上德国人的部署情况，初步研判情报是德国哪个军种的情报，可能跟哪一项军事行动有关。接下来，他们对密文的文本进行整理归类，然后才是有选择性地进行破解。

布莱切利园所提供的超密级情报是用专线传送的，他们和首相办公室之间搭建了电传打字机专线，与各司令部之间也是通过专线联系的。从布莱切利园传送出去的情报同样也要加密，加密的工具是一种叫作Type X的密码机，这种密码机是英国人在恩尼格玛密码机的基础上改进的。具有讽刺意义的是，德国人直到整个第二次世界大战结束，都没能破解Type X。

布莱切利园用于破解洛伦兹密码的巨人机

由于英国人高效的情报信息管理机制和保密措施,布莱切利园在第二次世界大战期间破解了大量德国密码电文,为盟军提供了众多优质的情报,而自身没有发生一起泄密事件。

1945年,第二次世界大战结束,布莱切利园里绝大部分资料和机器设备都被销毁了,许多人员被遣返,临行前他们被要求离开后必须对布莱切利园里的所有事情保持沉默,并签下了严格的保密协议。事实证明,这些人也的确做到了守口如瓶。直到20世纪70年代,随着一些政府文件相继解密,布莱切利园的秘密才逐渐公之于众。即便如此,还是有很多参与第二次世界大战的德国密码工作人员仍然不肯相信他们奉若神明的恩尼格玛密码机早已经被破解了。可见,第二次世界大战时期英国人在密码信息的管理上可谓慎之又慎,已经做到了极致,而他们的死对头纳粹德国也在密码信息的管理上做到了极致,只不过是另一个方向上的极致——混乱到了极致。

前面我们提到过,德国人之所以肯花大价钱给军队装备恩尼格玛密码机,是因为他们在第一次世界大战中吃了密码泄露的大亏,但德国人并没有真正认识到密码信息管理的重要性,以至于最终惨败。

首先,德国在使用和管理恩尼格玛密码机的人上就出了问题。德国的密码部门内部出了个"内奸"汉斯-提罗·施密特,他泄露了许多关于恩尼格玛密码机的资料,但这其实并不是最关键的漏洞。由于恩尼格玛密码机的操作十分简单,只要识字的人经过简单的培训就会使用它,所以德国使用恩尼格玛密码机的人都是一群文化程度较低的士兵。这些士兵保密意识很差,战场上的生活又十分枯燥,他们就开始在恩尼格玛密码机上找乐趣。有时,他们会把恩尼格玛的密钥设置成一句脏话,或者设置成自己想吃的一道家乡菜。有一个德国兵在布莱切利园里很出名,他是个情种,每次都会把密钥设置成女朋友的名字。这些做法,让恩尼格玛密码机的密钥变得十分好猜，给英国人的破解工作开了大大的方便之门。

其次，恩尼格玛密码机一开始是为企业开发的，所以在德国军队和政府部门装备之前，已经有一些民用型机被卖了出去，而在德国军队和政府部门装备之后，民用型机仍然在销售，德国还卖了不少不同型号的恩尼格玛密码机给它的盟友意大利和日本，甚至还卖给了它日后的死对头美国和英国（不然，Type X 是从哪里来的呢）。虽然这些机型都和自己国家军队中装备的机型有所不同，但恩尼格玛密码机的原理不可避免地被泄露出去了。

再次，德国人对于恩尼格玛密码机十分信任，纳粹德国的各个军种和各个政府部门都装备了恩尼格玛密码机，其中包括国防军中的海军、陆军和空军，以及党卫队和盖世太保这种准军事化组织，还有外交部门和情报部门，这些军种、部门和组织都有属于它们自己的密码机和密码本。因为这种机器是希特勒亲自拍板决定采购并装备的，也就没有人会（或许是没有人敢）质疑这种机器的加密性能，这就给它的一败涂地埋下了伏笔。

而且，德国人还十分喜欢使用恩尼格玛密码机，甚至到了滥用的程度。除了军事情报和军事命令之外，还有些完全没必要加密的信息，比如，我们前文中提到的天气，甚至连祝福某个长官生日快乐的电文，都要用恩尼格玛密码机加密后再发出去，这些都为英国人提供了大量的样本。另外，德国人对希特勒的个人崇拜也在悬崖边上的恩尼格玛密码机的屁股上猛踢了一脚——基本上每条电文都会有一句"希特勒万岁"，这种高频重复的语句给英国人帮了大忙。

德国人传输密码信息的方式也十分随意，他们大量依赖无线电报来传递这些加密电文——毕竟用无线电就省了搭电缆的麻烦了，从来没想过这些电报被截获的话怎么办。有时候他们也会使用有线的方式——如在两支军队的指挥所之间搭起了一条临时电话线路，德国兵就会抄起电话筒，把加密好的电文逐字报给对方,结果英国又通过窃听德国人的电话搞到了不少情报。

让人大跌眼镜的是,德国人对于恩尼格玛密码机的保密性也不太重视。纳粹德国海军的管理规定最严格,所以海军的密码是最后被破解的。但海军的严格也只是相对其他军种和部门而言的,他们曾经编制过舰只失去战斗力和行动力之后要销毁物品的清单,恩尼格玛密码机和密码本仅排第三,所以虽然海军用的密码本是用一种遇水即溶的特殊纸张做成的,但真到了关键时刻,他们是来不及去销毁这两样东西的,更何况,德国人从来不觉得他们的潜艇会被俘虏,在U110被俘之后仍一直被英国人蒙在鼓里。德国人一点儿都不在意别人知道他们在使用恩尼格玛密码机,所以我们可以在第二次世界大战时的许多新闻照片上看到恩尼格玛密码机的身影,其中有一张著名的照片,上面是纳粹德国名将、有"闪电战之父"称号的海因茨·威廉·古德里安站在一辆车上焦急地等待消息,而照片的左下角就是一部恩尼格玛密码机。

总而言之,德国人在恩尼格玛密码机相关的信息管理上,完全没有表现出他们特有的严谨态度。把英国人的信息管理方式和德国人的一对比就能发现,破解恩尼格玛密码机只是个时间问题——毕竟再强大的加密方式都架不住德国人这么折腾。

"进化"的网络信息安全

近几年来,针对个人信息的不法侵害越来越猖獗,不法分子无孔不入,通过入侵网站、勾结企业内部人员等各种手段盗取个人信息并非法出售。这些被盗卖的信息有的被冒用,有的成为垃圾短信和电话骚扰的目标,有的则被用于电信诈骗。与此同时,针对各种企业和机构网络进行攻击的案件也时有发生。针对信息系统的攻击有的是被动的，有的是主动的。前者对信息网络本身并不造成破坏，所以很难被监测到，比如窃听或偷窥这些会导致泄密的行为，但这种攻击相对来说比较容易防范。后者的防范难度就比较高，比如非法篡改或删除信息，这些攻击有的是针对信息本身的，有的则是针对信息的载体，像硬件损坏、病毒木马、黑客入侵等都是对信息安全的威胁，可谓花样百出，不一而足。

根据国家互联网应急中心《2019年中国互联网网络安全报告》，2019年我国发生攻击流量峰值超过10吉比特每秒的大流量攻击事件日均约220起，同比增加40.0%；针对数据库的密码暴力破解攻击次数日均超过百亿次；新增移动互联网恶意程序279万余个；发现并捕获勒索病毒73.1万余个，较2018年增长超过4倍；捕获计算机恶意程序样本数量超过6200万个，日均传播次数824万余次……这些数字都令人触目惊心。

这些攻击往往导致严重的后果。比如，2017年，一种叫作"永恒之蓝"（WannaCry）的勒索病毒肆虐，这个只有3.3兆的小程序给全世界至少150个国家的30万名用户造成了80亿美元的损失。而当地时间2021年5月7日，美国最大的成品油管道运营商科洛尼尔管道公司被迫关闭其美国东部沿海各州供油的关键燃油网络，原因是受到勒索软件攻击，美国17个州和华盛顿特区被迫进入紧急状态。据预测，现在如果发生一场大型网络攻击，造成的损失可能超过40亿美元，如果是一场针对云供应商的全球网络攻击，损失可能超过500亿美元，如果算上其他损失的话，这个数字可能超过1000亿美元。

我们可以把实物放进保险柜和保管库，加上签名和铅封，安装好警报系统，并派专人进行看守，但对信息，显然不能使用这样的手段，因此必须使用专门的手段维护信息安全。随着计算机技术的飞速发展，信息系统受到越来越多、越来越严重的威胁,这也对网络信息安全的保护提出了更高的要求。

一般来说,要实现信息安全,必须在实体、运行、数据、管理等多个层面进行有效的信息安全管理。2008年,国家标准GB/T 22239-2008《信息安全技术 信息系统安全等级保护基本要求》颁布,提出了五大类信息安全的基本技术要求:物理安全、网络安全、主机安全、应用安全和数据安全及备份恢复。与此同时,该标准还提出了五大管理要求:安全管理制度、安全管理机构、人员安全管理、系统建设管理和系统运维管理。为了配合国家落实网络安全保护等级制度,2017年,《中华人民共和国网络安全法》实施,2019年,这一标准被修订为《信息安全技术 网络安全等级保护基本要求》(标准号:GB/T 22239-2019),信息安全的基本技术要求也被修订为:安全物理环境、安全通信网络、安全区域边界、安全计算环境和安全管理中心。《信息安全技术 网络安全等级保护基本要求》还提出了安全扩展要求,包括云计算安全扩展要求、移动互联安全扩展要求、物联网安全扩展要求和工业控制系统安全扩展要求。

现在的信息安全技术,除了上一章介绍过的加密技术之外,还有数字签名、防火墙、VPN、网络协议等。

数字签名就是一串数字,其使用了非对称性加密技术。首先将原文用HASH函数加密产生一个固定长度的摘要信息,然后将摘要信息用公钥加密,这次加密后得到的密文就是数字签名。将数字签名连同原文一起发送给接收者,接收者利用私钥对数字签名解密后就得到了发送者传递的摘要信息。再利用哈希函数对收到的原文进行加密,获得一个摘要信息。将这个摘要信息和数字签名中的摘要信息进行比对,如果两者一致,就说明在传递信息的过程中原文内容没有被篡改。

目前，数字签名技术是各国政府和各大企业普遍使用的一种信息安全保护手段，在很多国家，数字签名都具有法律效力。我国在2005年开始正式执行《中华人民共和国电子签名法》来规范电子签名行为，确立电子签名的法律效力，维护有关各方的合法权益。因此，我们也就不难理解，为什么王小云教授和她的团队宣布验证了MD4、MD5、HAVAL-128及RIPEMD四个哈希函数抗碰撞性不足，会引起那么大的反响了。

现在很多企业和机构都把自己的电脑利用互联网技术连接起来，建立了自己的内部网络，这种网络被称为内联网。通常情况下，这种内联网都要和外部的互联网相连接，以便发挥最大的作用。在这种情况下，必须在内联网和互联网之间设置一道屏障，以抵挡来自互联网的攻击，这种屏障被称为防火墙。

防火墙是一种硬件和软件的组合，所有从外部到内部和从内部到外部的信息都必须经过它，而且只有获得授权才能通过。现在的防火墙技术分为两种：一种是包过滤型防火墙，一种是代理服务器。包过滤型防火墙通过对信息（数据包）进行扫描，判断这个信息是否包含有害信息，是否可以通过。代理服务器则是在两个网络之间设置一个中间地带，当外部访客要访问一个内部的地址，或内部访客要连接外部网络时，代理服务器会验证访问者提供的鉴别信息。验证通过后，代理服务器会自己获取访问者所需要的信息，并将这些信息转发给访问者。这样一来，两个网络之间不直接相连，安全性也就大大提高了。

VPN，全称为Virtual Private Network，即虚拟专用网络，它是一种在公用网络上建立起来的专用网络。将信息加密并封装后在这个网络中传递，从而起到保护信息安全的目的。这个技术相当于利用公用网络的硬件建立自己的专用网络，因此它能在确保安全性的同时大大降低资金成本。

网络协议是指所有为了能在计算机网络中进行信息传递而建立的规则、标准或者约定,网络安全协议就是为保护互联网信息安全开发的。互联网所使用的主要网络协议是 TCP/IP 协议,这种协议是美国国防部高级研究计划局的鲍勃·卡恩和斯坦福大学的温顿·瑟夫在 1973 年共同开发的。TCP/IP 协议的设计初衷是力求简单高效,因此在一定程度上牺牲了安全性,如使用明文传输,以 IP 地址作为网络节点的唯一标识,这些都不利于保护网络信息安全。为了确保互联网的安全性,需要在 TCP/IP 协议实现安全性。采用 TCP/IP 协议集成的网络体系结构分为四层,分别是应用层、传输层、互联网层和网络访问层,每一层都包含了若干不同的协议,是现在计算机网络体系结构的主流。

理论上来说不管在哪一层实现安全,都能实现整个互联网的安全,但不管在哪一层实现安全,前文所提到的五大类安全服务都是必须提供的,而在不同层次实现安全性也都有着各自不同的特点。

对于企业来说,在使用信息安全技术的同时,还要制定切实有效的信息安全管理制度,加强信息安全管理也是确保信息安全的重要手段。除此之外,国际标准化组织(ISO)2005 年推出了 ISO/IEC 27001,这是一整套信息安全管理规范,也是一项针对企业信息安全管理体系的认证。除了 ISO/IEC 27001 之外,还有 Security+、CISSP、CSIP 等认证。通过这些认证,就证明企业和机构的信息系统具有足够的安全性,信息安全管理制度有效,管理工作运行良好,能够抵抗外部攻击和内部风险。

未来,随着互联网的高速发展,信息安全所面临的威胁必然会越来越复杂,围绕信息安全所进行的攻防战也会越来越激烈,越来越隐蔽。个人除了保护好自己的信息安全,防止隐私泄露之外,还要注意保护好企业、国家及周围其他人的信息安全。

第五章

福尔摩斯和化学

☽

2002年10月16日,英国皇家化学学会会员约翰·华生博士为英国伦敦贝克街地铁站前的福尔摩斯雕像戴上奖章,代表学会授予他荣誉会员称号,以表彰他将化学知识应用于刑侦工作的卓越成绩。这是该学会首次将此殊荣授予一位虚拟人物。可见,大侦探福尔摩斯与化学之间的渊源有多深。

化学和它的历史

化学是一门研究变化的科学。它分支众多、历史悠久,如果要追溯化学的起源就得从人类学会使用和控制火开始,这算是人们最早的化学实践活动。《韩非子·五蠹》有云:"上古之世……民食果蓏蚌蛤,腥臊恶臭而伤害腹胃,民多疾病。有圣人作,钻燧取火以化腥臊,而民说之,使王天下,号之曰燧人氏。"

可见,我们的祖先通过钻木取火,并学会了用火烹煮食物。人们还利用火抵御寒冷、照亮黑暗、驱赶野兽等。当时,这只是一种经验的积累,人们还不知何为"化学",从远古时期到公元前约1500年,人们逐渐学会通过火从矿石中烧出金属,将黏土制成陶器,并学会发酵、酿酒,尝试给织物染色,后来人们把这段时期称作化学的萌芽时期。

而近代化学的先驱可以追溯到炼丹术或炼金术,在中国历史上,有很多人热衷于炼丹。关于炼丹最有名的传说是晋代葛洪所著的《神仙传》里记载的一个故事:淮南王刘安热衷炼丹,吃了自己炼出的仙丹后便成了神仙,飞上了天,而他家的鸡和狗吃了剩下的仙丹,也跟着刘安飞到了天上。类似的故事还有很多,比如,《西游记》中有关孙悟空偷吃仙丹及太上老君八卦炉大炼孙悟空的情节更是妙趣横生。

从这些故事我们可以看出,古人炼仙丹是为了成仙或者长生不老。但实际上,当时的术士们炼出来的"仙丹"是一种很恐怖的东西。我们现在知道,炼制所谓的仙丹用到的主要原料是丹砂,丹砂的主要成分是硫化汞,硫化汞受热后会分解出汞,而炼丹的方法往往是在炼丹炉里用火灼烧物料,所以炼出来的仙丹会有很高的汞含量,服用了仙丹的人最后都没有成仙或者长生不老,倒是会死于汞中毒。淮南王刘安实际上是因谋反失败而自杀了,最后却被谣传成飞天升仙。

不可否认的是,炼丹术虽然很无稽,却是最早的化学实验,火药就是在炼丹的过程中被发明出来的。我国古代的火药配方有一个口诀,叫作"一硝二磺三木炭",其中的硝是硝石,主要成分是硝酸钾,磺是硫黄。在受到撞击或者受热的时候,硝酸钾能和硫黄、木炭发生剧烈的反应,在很短的时间里产生大量能量,从而产生很高的温度,释放出大量气体,这个过程就是爆炸。

中国的术士们炼丹的目的除了制出长生不老药之外,还希望能炼出黄金,以期获得更多的财富。无独有偶,西方也有一群术士痴迷于炼金,其中甚至包括了著名的物理学家艾萨克·牛顿。有的炼金术士认为,铜和铅之所以低贱廉价,是因为铜和铅在性质上有缺陷,只要把铜和铅缺少的东西补充进去,它们也能变成黄金。还有的人认为,存在一种具有神秘力量的圣石,能够将铜和铅变成黄金。总之,炼金术的主要目标就是将贱金属转变为贵金属,尤其是黄金。虽然炼金术这种方法注定失败,但它让人们认识了很多天然矿物,推动了化学实验技术的发展,总结了很多化学反应的规

炼金术

律,现在很多化学实验仪器和实验操作经验都是在人们研究炼金术的过程中发展起来的。

和化学相关的理论也在充满求知欲的古人的不断思考中发展起来。中国的五行理论和希腊的四元素说都是先民对世界物质组成的认知和猜测。古希腊人认为物质是由土、气、水、火四种元素组成的。关于五行,2000多年前《尚书·洪范》中写道,"五行:一曰水,二曰火,三曰木,四曰金,五曰土。"

这些学说在今天看来非常简单浅陋,而且根本不准确,但却是最早的与化学有关的哲学理论。五行和四元素都是人们对物质本质的看法,五行生克,以及元素结合形成物质都可以看作当时人们对物质变化的一种认知,包括炼丹和炼金术在内的很多化学实践也是以这些学说为依据的。

在很长的一段时间里,五行理论和四元素说都在哲学和科学领域占统治地位,直到人们开始系统地研究燃烧这种对人类来说最重要的化学反应之后,化学理论才开始向科学的方向发展。

第一位被世人公认的化学家非罗伯特·玻意耳莫属。他出生于爱尔兰的利兹莫城,1661年,他发表了《怀疑派化学家》一书。在书中,他指出化学必须抛弃自古以来的空想的方法,应像已经觉醒了的天文学和物理学等姊妹学科那样,立足于严密的实验基础之上,并始终忠实地遵循这一原则,以扎扎实实的研究步骤前进。

在这种精神的指导下,玻意耳对古代流传下来的各种假说和理论重新进行研究,通过观察和实验,保留正确的说法,对错误的说法进行甄别和扬弃。他将化学确立为科学,重新定义了元素,还规定了化合物、化学反应、化合、分解、分析等术语的定义。因此,化学史家把"1661年"作为"近代化学的开始年代"。

在17世纪,欧洲的科学家们相信,物质中存在着一种叫作"燃素"的东西。他们认为,燃烧的过程是一个分解的过程,物质在燃烧的时候会释放出燃素,所以燃烧之后,物质的质量会减轻(当时人们并不知道有机物中的碳元素和氢元素会因为燃烧变成二氧化碳和水蒸气跑到空气中去)。当时的科学家们认为燃素无处不在,它为世界带来活力,生物因燃素而生,因失去燃素而死,大气中的燃素能使空气动荡,导致闪电。燃素说能解释很多实验现象,但也有很大的局限性,比方说,它解释不了为什么金属镁在燃烧后会变得更重。

卡尔·威尔海姆·舍勒对燃烧进行了仔细的实验研究,结果发现空气中有两种成分:一种约占空气体积的1/3—1/4,是物质燃烧不可缺少的成分,他把这种成分命名为"火空气";其他部分对燃烧没有帮助,反而会阻碍燃烧,他将其命名为"浊空气"。现在,我们知道"火空气"就是氧气,而"浊空气"指的是氮气。

法国化学家安托万-洛朗·德·拉瓦锡并不相信燃素说,他认为使蜡烛燃得更明亮且能够帮助人们呼吸的气体是一种元素,1777年他正式把这种气体命名为氧气。他通过金属煅烧实验,发现了氧气在燃烧中所起的作用——氧化,揭示了燃烧的本质。他指出,燃烧是可燃物和空气中的氧气结合变成氧化物,同时释放出光和热的现象。至此,燃素说终于被推翻,氧化学说建立了起来。氧化学说是人类历史上第一个正确的化学理论,它让化学研究走上了正轨,并开始蓬勃地发展起来(虽然燃素说是错误的,但人类却围绕这一学说做了许多系统的研究和实验,正是通过这些研究成果,人们才最终走上了化学研究的正途,而且,燃素说帮助人们摆脱了炼金术那一套歪理,对于推动科学进步起到了很大的作用。推翻燃素说,并不等于彻底否定研究燃素的化学家们所取得的成就)。拉瓦锡还通过实验验证了质量守恒定律,即物质在化学反应前后会改变状态,但参与反应的物质的总量不会改变,而这是进行化学反应研究的一个基本定理。以这个理论为依据,他尝试用等式来表示化学反应,而这正是现代化学方程式的雏形。鉴于拉瓦锡的卓越贡献,世人尊称他为"近代化学之父"。

物质是由原子构成的这一猜想虽然很早就被提出了,但直到18世纪,尤其是18世纪后半叶至19世纪中期,近代工业兴起,科学飞速发展,人们通过大量生产实践和化学实验,对原子及物质组成有了深入的了解。在这一时期,英国化学家约翰·道尔顿提出了原子论,意大利化学家阿莫迪欧·阿伏伽德罗提出了分子论。这两个理论的要点简单来说就是:物质由分子组成,分子由原子组成;不同的分子和原子,质量、性质、大小也不同;分子和原子永远在运动。分子论和原子论揭示了物质的组成方式,是化学的最基本理论。有了这两个理论,化学才真正成为一门学科。

一门学科发展到一定程度,自然会出现一些分支,化学也不例外。现代化学有四个主要分支,即有机化学、无机化学、分析化学和物理化学。下面我们一起来简单了解一下它们。

顾名思义,有机化学是研究有机物和有机反应的化学学科,无机化学是研究无机物和无机反应的化学学科。

一般来说,有机物是指含碳化合物,但是单质碳(像钻石、石墨、碳60等)、一氧化碳、二氧化碳、碳酸氢钠(也就是我们平时说的碱面、小苏打)等含碳物质又都被划入无机物。有的定义说有机物应该含有碳和氢两种元素,但是不含氢的四氯化碳也是有机物。现在公认的最简单的有机物是甲烷,也就是天然气和沼气的主要成分。最初,化学家们一般都认为,有机物是一种有生命的物质,这是因为当时的有机物只能从动物和植物中提取出来,或者利用动植物提取物进行合成,而不能通过人工使用无机物进行合成，包括贝采里乌斯在内的著名化学家们都持这种观点。1828年，德国化学家弗里德里希·维勒把无机物氰酸铵加热，得到了有机物尿素，这个实验打破了有机和无机之间的界限，人们对于有机和无机的认识才逐渐变得清晰起来。

维勒的好友李比希是公认的"有机化学之父"，他在前人的基础上发明了一种测定有机物组成的方法：对有机物进行灼烧，然后测定产生了多少二氧化碳和水，从而计算出有机物分子中含有多少碳和氢。李比希的方法有极大的理论意义，他不仅通过这个方法分析了很多有机物的分子组成，还证实了很多无机化学中的定律同样适用于有机化学。他的发现和维勒的尿素合成实验，使科学家们意识到，有机物和无机物之间并不像人们之前想的那么界限分明。在测试过程中，化学家们还发现，有许多有机物它们的分子式完全相同，表现出来的性能却大相径庭，这表明有机物分子中的原子可能存在不同的排列形式，这启发化学家们将研究有机物分子中的原子排列形式作为研究的主要课题。

无机化学中的元素周期律是化学发展史上最重要的理论之一，俄国化学家德米特里·伊万诺维奇·门捷列夫发现了元素周期律，并绘制了元素周期表。简单来说，元素周期律理论就是元素的性质随着原子质量的增加表现出周期性的变化。当时，科学家们已经发现一些元素的性质相似，比如，钠和钾都是非常活泼的金属，氯、溴、碘都是非常活泼的非金属，元素周期律很好地解释了这些现象。由于当时很多元素还没有被发现，所以门捷列夫绘制的元素周期表上还有很多空位，后来，随着越来越多的新元素被发现，这些空位也被一个接一个填满，元素周期律得到了更多的验证。

研究物质的组成、含量、结构和形态等化学信息的分析方法及理论的科学则是分析化学，其中判断物质性质的分析叫作定性分析，计算某种物质有多少的分析叫作定量分析。人们陆续发现化学反应除了有燃烧这样放出光和热的剧烈反应之外,还有一些比较缓和,但又伴随着明显状态变化的反应。比如,人们把淀粉和碘混在一起,结果变成了紫色,这是淀粉和碘之间特有的反应。于是人们想到,可以用碘来判定某种未知物质里是否含有淀粉。有的物质在不同的条件下会显出不同的颜色,比如,酚酞在酸性条件下是无色的,在碱性条件下是红色或粉红色,人们可以利用酚酞来判断溶液的酸碱性,这样的分析就是一种定性分析。

想象一下,我们手头有一瓶酸性溶液和一瓶碱性溶液,我们取一定(请注意"一定"这两个字,这意味着我们需要确切知道我们取了多少)体积的酸性溶液,在里面加入一两滴酚酞溶液,这时溶液没有颜色,我们把碱性溶液一滴一滴地滴进这些酸性溶液中,两种溶液会发生反应,加入一定数量的碱性溶液之后,溶液变成了碱性,这时里面的酚酞成分就使溶液变成了红色,这种颜色的变化只有可能是在溶液从酸性变成碱性的那一刻发生的。如果我们能掌握这一刻滴入酸性溶液中的碱性溶液的量,那么只要我们知道酸性溶液的浓度,就能计算出碱性溶液的浓度,反过来,只要我们知道碱性溶液的浓度,就能计算出酸性溶液的浓度。这种方法叫作滴定——一种典型的定量分析方法。

化学反应一般都会伴有吸热或放热现象,化学家们想到用热力学原理来研究化学反应。有的化学反应会伴随有电荷转移,也就产生了电流,化学家们就想到利用电流的方向和强度来研究化学反应。物理化学主要就是通过物理原理及手段研究化学体系的宏观和微观状态,以及化学反应是怎么发生的,发生的速度有多快。20世纪初物理学不断发展,各种测试手段促进了化学家对溶液理论、物质结构、催化剂等领域的不断研究,尤其是量子理论的突飞猛进使化学与物理融合得更为密切,解决了许多化学上的问题,而物理化学理论也逐渐完善。与此同时化学又向地质学、生物学等领域进军，地质化学、生物化学随即发展迅猛。

现代化学的另一大工作是合成新物质，化学逐渐从发现新元素走向了利用已知元素合成新分子。到20世纪末人类发现与合成的物质已超过2000多种。而化学也与越来越多的学科相关联，涌现了海洋化学、环境化学等学科，这与福尔摩斯的时代已经不可同日而语了。

值得一提的是，福尔摩斯的时代既是化学科学飞速发展的时代，也是工业革命最辉煌的时代，化学与工业的完美结合，促进了化学工业的快速发展。

有机化学的发展为化学工业带来了全新的可能。比如，为纺织业带来了大量新型染料，这些染料比传统的天然染料更加鲜艳，更加牢固。再比如，诺贝尔奖的设立者、瑞典化学家阿尔弗雷德·贝恩哈德·诺贝尔在1863年发明了硝酸甘油，这种有机炸药比传统的黑火药威力更大。

化学工业还为农业带来了新的希望，德国化学家弗里茨·哈伯发明了合成氨法，把空气中没有任何活性的氮气变成氨气，从而为生产一系列含氮化肥提供了基础原材料，让农产品增产、农业丰收成为可能。

高分子化学为材料的发展带来了质的飞跃，合成塑料、合成橡胶、合成纤维、合成涂料和合成胶黏剂都是高分子材料工业的产品。和传统天然高分子材料相比，这些新型材料各有其优点，善加利用就能够达到优异的效果。

煤炭资源和石油资源的开采，为化学工业带来了新的原材料。对煤炭和石油进行炼化，能获得组成、状态、性质各不相同的产品，这就是煤化工和石油化工行业。对这些产品进行深加工，就能获得各种有机物，这些有机物各有作用，能满足我们生活方方面面的需求。

19世纪末，大功率发电机的发明让电化学工业有了能源基础，通过电解食盐生产氢氧化钠的氯碱法被发明出来。氯碱法除了能生产出氢氧化钠这种重要的化工原料之外，还能生产出氢气和氯气。

在西方的化学工业快速发展的同时，中国的化学工业也稳步建立起来了，在中国近代史上最著名的化学家和化工实业家当属"侯氏制碱法"的发明者侯德榜，他和著名的实业家范旭东合作创建了中国第一家制碱企业——永利碱厂，生产出"红三角牌"纯碱，突破了外国企业的技术封锁，日产量达到180吨，畅销全国，还出口到日本和东南亚。1934年，范旭东和侯德榜又创建了中国第一家氮肥企业——南京永利宁，主要产品是硫酸铵，副产品是硝酸、硝酸铵、硫酸。

随着化工技术的发展和生产管理水平的提高，过去那种粗放式的生产已经不能满足社会的需要了，尤其是那些技术含量高、附加值大、需求量相对较小的产品，显然需要更加精细的生产模式，在这种情况下，精细化工行业应运而生。

福尔摩斯的化学

福尔摩斯的出场

柯南·道尔关于福尔摩斯的第一部小说是《血字的研究》，其中讲述了福尔摩斯和华生初次见面，很快成了室友，并共同破获了第一桩案件的故事。

两位主人公初次见面是在一家医院的化验室。华生是这样描绘这间化验室的："这是一间高大的屋子，四面杂乱地摆着无数的瓶子。几张又矮又大的桌子纵横排列着，上边放着许多蒸馏烧瓶、试管和一些闪动着蓝色火焰的小小的本生灯。"

华生看到的几张又矮又大的桌子应该就是福尔摩斯的实验台了,与今天的实验室条件相比,这实在有点简陋,现今的实验台材质一般是不锈钢或钢木结构的,表面会使用防火和防腐蚀材料,或者铺上黑色橡胶防腐并阻燃,但在福尔摩斯的时代,实验技术还没有那么先进,所以实验台也仅为普通的木桌。"四面杂乱地摆着无数的瓶子"中的瓶子应该指的是用来存放药品的试剂瓶。试管、蒸馏烧瓶及本生灯更是化学实验室常用的仪器,其中本生灯是1855年德国化学家罗伯特·威廉·本生发明的一种加热器具,使用煤气为燃料,加热时温度可以达到900℃。

本生灯

可见,在福尔摩斯时代(近代化学末期到现代化学初期),这样一间化验室已经算是相当专业了。然而,比专业的设备更难得的是福尔摩斯的钻研精神。

福尔摩斯正在做化学实验,华生在旁边观看(《海军协定》的插图,插图作者西德尼·佩吉特)

福尔摩斯在故事中说出的第一句话就是:"**我发现了,我发现了**。"可见,他当时对自己的发现有多么兴奋。他到底发现什么了呢?大侦探福尔摩斯说:"我发现了一种试剂,只能用血红蛋白来沉淀,别的都不行。"

接着,他就热情地给华生演示并讲解了一番——也不管华生对他的实验感不感兴趣。他把华生拖到自己刚才工作的那张桌子前,说道:"咱们弄点儿鲜血。"然后就用一根长针刺破了自己的手指,再把刺出的那滴血吸进一支医用吸管。

看到这,我们不禁大呼:喂!福尔摩斯,你是在一所医院的化验室里,我相信你把所有的实验工具都清洗得非常干净了,但是就那样把自己的手扎破,然后吸血——你是认真的吗?你有没有想过万一针上或者吸管上带着什么有毒的东西,或者是致病细菌之类的,会导致什么样的后果?

显然,福尔摩斯是如此兴奋,以至于忘记了安全风险,他只顾继续做实验:

> 现在把这点儿鲜血放到一升水里。你看,这种混合液与清水无异。血在这种溶液中所占的成分还不到百万分之一。虽然如此,我确信还是能看到一种特定的反应。

一滴鲜血大概有多少呢?我们可以估算一下,1毫升液体差不多是20滴,1滴鲜血大约是0.05毫升,1升是1000毫升。0.05毫升血液滴进1000毫升水中,浓度大约是10万分之5,即百万分之一的50倍,这哪儿是还不到百万分之一呀!福尔摩斯在这里犯了个计算错误。

除了计算错误之外,福尔摩斯的操作也是有问题的。他直接把这滴血滴到清水里面,似乎这样就能让一下子让血均匀地溶解在那1升水里了,但这个做法是错误的。10万分之5是一个很小的浓度,这个浓度的溶液是很稀的。配制这样的溶液,一般最好不要直接把溶质丢到溶剂里面,等着它们自己变成溶液,而是应该先用少量溶剂把它溶解成比较浓的溶液,然后再把浓溶液用溶剂稀释成稀溶液,这样能减少误差(不管溶解还是稀释,都要记得要么搅拌,要么摇晃震荡,让溶液变均匀)。

当然,也许福尔摩斯此时并不想做一个特别精确的实验,他只是想看看实验现象而已,毕竟他做的只是个定性实验,只要分析出某种未知物的具体成分就好了,对精确度要求没那么高,但他接下来的操作就有点让人无法接受了。

"他就把几粒白色晶体放进这个容器里,然后又加上几滴透明的液体。"故事里并没有说福尔摩斯是怎么把白色晶体加进去的,通常情况下,取少量固体试剂会使用药匙——用手直接触碰药品是绝对不允许的,哪怕戴手套也不行。还有一个问题,将固体试剂直接扔到溶液或试剂中,固体试剂就会先溶解在水里,然后再和相关成分发生化学反应,这将导致颗粒周围的试剂浓度过高,这部分的反应速度更快,但其他地方的浓度可能会很低,甚至没有溶质。显然,福尔摩斯几乎把几分钟前犯的错误又犯了一遍。整个体系(也就是反应中的所有物质)的反应不均匀,有的地方快,有的地方慢,有的地方先开始,有的地方可能永远不开始反应,这样会让我们期待的化学反应以一种不正常的方式进行,得到的结果可能也是不正常的。

等福尔摩斯加完所有的东西后,"不一会儿,溶液就现出了暗红色,一些棕色颗粒也渐渐沉淀到玻璃瓶底。"

不管怎么说,实验现象最终还是出现了。按照福尔摩斯的说法,他发现的那种试剂被血红蛋白沉淀出来了,别的试剂都做不到这一点。

对于福尔摩斯的同行们来说,法医物证学的研究一直是人们特别关心的事情,这不只是因为这种研究会给人们带来成就感和满足感,更重要的是通过这种方法能够找到真正的罪犯,同时避免无辜的人被冤枉。正如我国南宋时期的著名法医学家宋慈所说:"盖死生出入之权舆,幽枉屈伸之机括,于是乎决。"

血迹一直是案发现场最重要的物证之一,在有些案件中甚至是决定性的证据。在福尔摩斯的时代,由于人们对血液的认识还不够充分,所以犯罪现场的一块污渍到底是不是血迹就成了困扰办案人员的主要问题之一。看到这儿，我们不禁有个疑问，福尔摩斯说的这种试剂真的存在吗？

其实，非常可疑呢。首先，柯南·道尔在这里把haemoglobin/hemoglobin（血红蛋白，一个是英式拼写，一个是美式拼写）写成了hoemoglobin，这可能是个拼写错误（柯南·道尔的故事中不乏这样的小纰漏），也可能是在暗示这只是他自己瞎编出来的一个实验（柯南·道尔干过类似的事情，他曾经在作品里描写过一条铁路，当编辑告诉他这条铁路不存在时，他说"这是我建的"）。其次，科学家们研究到现在也没有发现真的有一种试剂，能够百分之百地复原福尔摩斯的实验。而且，从血液与试剂的浓度，以及福尔摩斯的操作方法来看，就算真有这种试剂，最后的实验现象也不可能如此明显。

这个实验真的有那么大的作用吗？福尔摩斯倒是列举了好几个过往的疑难案件，声称如果当时有这种方法，这些案件都会迎刃而解。但是，让我们再仔细想想，福尔摩斯只是鉴定出了血迹，但连这是人血还是动物的血都搞不清楚，这种鉴定方式的效果难免也大打折扣。

其实，人们很早就开始对血液进行研究了，英国生理学家、医生威廉·哈维在1628年就发表了《血液运动论》，提出了"血液循环"的概念。我国清代的医学家唐宗海也在1884年发表的《血证论》中提出了血液在体内流动的观点："火者心之所主化,生血液,以濡周身。"

1674年，荷兰显微镜学家、微生物学家安东尼·列文虎克发明了第一台光学显微镜，并用这台显微镜观察到了红细胞。19世纪，科学家们发现血红蛋白是血液中特有的成分，德国生物化学家菲利克斯·霍佩-赛勒还分离出了血红蛋白的结晶。

科学家们发现血红蛋白之后，立刻意识到它是血迹鉴定的关键，对于某种成分不明的物质和痕迹来说，只要确定了血红蛋白的存在，就能确定其含有血液成分。

在《血字的研究》故事中，福尔摩斯提到了两种鉴别血迹的方法。一种是愈创木法，这是荷兰生理学家范·迪恩在1862年提出的，利用愈创木中的愈创木脂来鉴别血迹中的血红蛋白。福尔摩斯嫌这种方法既难操作又不准确，不适合进行犯罪现场的血迹鉴定，实际上，现今这种方法还在使用，只是没有用作犯罪现场血迹检验的方法，而是被医院用来检验病人的粪便中是否有潜血。另一种方法是用显微镜检验红细胞，在法国工作的西班牙化学家马蒂厄·奥尔菲拉是首个尝试使用这种方法的人。福尔摩斯说这种方法在血迹干了几个钟头之后就不起作用了，这也是事实。当时还有几种血迹测试的方法，如波兰解剖学家路德维希·卡尔·泰西曼在1853年提出的泰西曼测试、德国化学家克里斯蒂安·弗里德里希·舒贝因在1863年提出的过氧化氢测试法，以及后来的高山测试、酚酞测试等，基本都是针对血红蛋白进行测试，而《血字的研究》中描述的方法也是针对血红蛋白进行测试，与泰西曼测试有几分相似，可见故事中描写的实验虽然不太靠谱，但思路大体上是正确的。

真正实用的血液测试方法出现在1904年，奥斯卡·阿德勒和鲁道夫·阿德勒提出了一种使用联苯胺检测血红蛋白的测试方法，这种方法一直沿用至今。

而大家最熟悉的血迹测试方法莫过于影视剧中经常演的那种情景，技术侦查人员往疑似有血迹的地方喷上一种药剂，然后把现场所有的门窗和灯全都关上，现场变得黑漆漆的，这时再检查那些喷了药剂的地方，如果哪里发出一种淡蓝色的光，就说明哪里有血迹。

这种方法就是著名的鲁米诺测试，由德国化学家沃尔特·施佩特在1937年提出。鲁米诺是"发光胺"（Luminous amine）的音译，它的化学名叫作3-氨基苯二甲酰肼。鲁米诺试剂和血红蛋白、过氧化氢反应之后能发出一种特别微弱的、只能在没有其他光线的环境里才能看到的蓝光,这种光叫作荧光。

鲁米诺测试十分敏感,哪怕是被稀释到百万分之一的血液(有的说法是二百万分之一,还有的说法是千万分之一),或者好几年之前的旧血迹也能检测出来,而且鲁米诺测试不会破坏血迹的DNA,因此鲁米诺测试在各国的技术侦查机构中都很受青睐。

通过血迹鉴定测试确认了血迹的存在之后,就要鉴定这块血迹是人的还是动物的,这被称为血迹的种属鉴定。德国细菌学家、免疫学家保罗·西奥多·乌伦胡特发明了一种鉴定血迹种属的方法,他将人类血液注射到兔子体内,兔子的血液里就会产生一种引起人类血液凝固的物质——抗体。将这种带有抗体的血液从兔子体内抽取出来,与需要测试的血迹混合,如果发生凝固产生沉淀,那么血迹就是人的,如果没反应就是动物的。这种利用动物免疫反应进行测试的方法,被称为免疫学实验。现在这种方法仍被广泛使用,只不过采用的是更为准确有效的试剂和测试手段。除了这种方法外,现在还使用一些生物化学手段对血迹进行种属测试,其中也包括后面会谈到的DNA鉴定。

如果确定了血迹是人血,那么就要对血迹的血型做进一步鉴定。1901年,奥地利病理学家卡尔·兰德斯泰纳在一篇论文中给血液划分了类型,当时发现了三种血型,并以罗马数字Ⅰ、Ⅱ、Ⅲ命名,分别对应现在的O、A、B型(由于研究对象中没有AB血型的人,所以当时没有发现这个血型)。到了1928年,国际联盟的卫生委员会正式将全世界的血型划分为A、B、O、AB四种类型。除了我们熟知的ABO血型系统之外,兰德斯泰纳等人还提出了另一种血型系统——Rh系统,将血型分为阳性和阴性两大类,其中Rh阴性血就是所谓的"熊猫血"。

确定了血型,就朝着确定血迹的主人是谁这个方向迈进了一大步,这个时候就要用到一种身份确认的终极方法了。

"滴血认亲"是许多古典小说和古装剧中常用的桥段,也是许多人津津乐道的古代亲子鉴定方法。关于"滴血认亲",《洗冤集录·卷三》是这么描述的:

> 检滴骨亲法,谓如:某甲是父或母,有骸骨在,某乙来认亲生男或女何以验之?试令某乙就身刺一两点血,滴骸骨上,是亲生,则血沁入骨内,否则不入。俗云"滴骨亲",盖谓此也。

这种方法看似言之凿凿,但实际上毫无科学依据。无论是否有亲缘关系,血液滴在疏松多孔的骨骼上都会渗进去。不过,对于古人来说,能想到

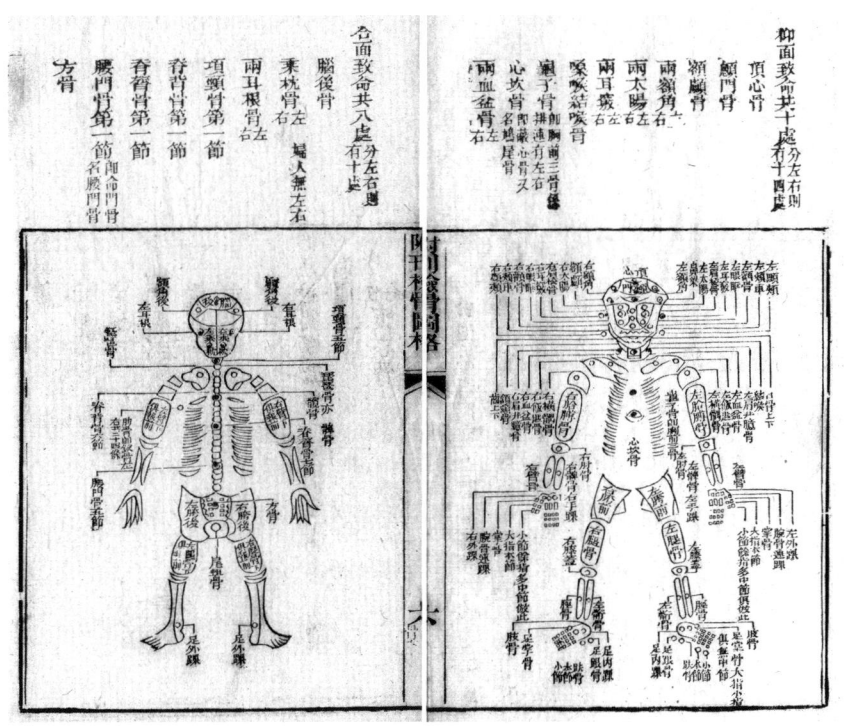

1843年出版的《洗冤集录》的插图

这种方法来确定血缘关系,也是十分难能可贵了,至少他们意识到有血缘的亲属之间存在生理上的联系,那么这种生理联系的本质到底是什么呢?

1865年,奥地利生物学家格雷戈尔·孟德尔完成了著名的孟德尔豌豆实验之后提出了遗传定律,创立了现代遗传学。他认为生物的性状是通过"遗传因子"传递的。

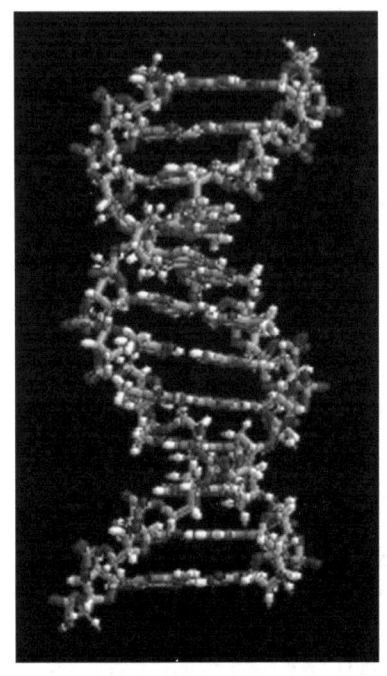

DNA双螺旋结构图

1869年,瑞士生物化学家弗里德里希·米歇尔发现了脱氧核糖核酸(DNA)。1919年,美国化学家费伯斯·列文发现DNA由核苷酸组成。1944年美国细菌学家奥斯瓦尔德·西奥多·埃弗里的实验,以及1952年德国微生物学家阿尔弗莱德·赫尔希和玛莎·蔡斯的实验,证明了DNA是遗传的关键。1953年,美国分子生物学家詹姆斯·杜威·沃森、英国生物学家弗朗西斯·哈利·康普顿·克里克、英国分子生物学家莫里斯·威尔金斯和罗莎琳德·埃尔西·富兰克林共同发现了DNA的双螺旋结构。

DNA上的核苷酸的种类和排列中蕴含了生物的遗传信息。一个人的DNA中既有来自父亲的部分,也有来自母亲的部分,每个人的DNA信息都是不同的,因此通过检验DNA既能判断两个人之间的血缘关系,也能判断出犯罪现场遗留的血迹是否属于某一个人。鉴定的对象除了血液外,还可以是唾液、毛发、皮肤碎屑等遗留物。

DNA技术出现以来,已经帮助法证学家破解了多起案件,如我国甘肃白银连环杀人案、南京医科大学杀人案等多年悬案都是靠DNA技术破获的。实际上,DNA技术的应用并不只局限于破案和血缘关系鉴定上,近些年,历史学研究中也开始广泛地使用这种技术,并取得了很多突破性进展。

2009年12月27日,河南省文物局等相关部门宣布河南省安阳县安丰乡西高穴村南的高陵墓主是历史上著名的政治家、军事家、文学家曹操。随后,复旦大学历史学系和现代人类学教育部重点实验室组成联合课题组,宣布开始对曹操家族的DNA进行检测。他们历时三年,分工协作,一边对家谱等文献进行分析,寻找曹操后代的线索,一边采集了79个曹姓家族280名男性的超过1000个样本进行测试。2013年11月11日,该课题组宣布已经确认曹操家族DNA的Y染色体SNP突变类型为O2*-M268,推翻了"曹操是曹参的后代""曹操原姓夏侯""操姓源自曹操"的说法。

曹操

DNA技术虽然神奇,却也不是没闹过乌龙。1993年,德国的一位老太太被谋杀,现场唯一的证据是警方在一个杯子上找到的DNA痕迹。因为无法比对,只能判断出这是一名女性的DNA,这个案件变成了一起悬案。直到8年之后的2001年,这个DNA又出现在另一起谋杀案的现场。这之后,这个DNA不断在不同的案发现场出现,共涉及40多起案件,其中有6起是谋杀案。在这6起谋杀案中,2007年在德国海尔布隆发生的那起最为引人注目,两位缉毒警察在光天化日之下遭到枪击,其中一位女警察当场身亡。这起案件性质恶劣,造成的影响可想而知。一时间舆论哗然,媒体给这个凶犯起了"海尔布隆的幽灵""无面女杀手"等绰号,警方也在2009年1月成立了专案组,誓要抓捕这个既凶残又狡猾的罪犯。

然而,最终的真相却让人哭笑不得。警方查来查去,最终发现这些案件中使用的棉签都来自奥地利的一个棉签厂。经过进一步详查,发现这批棉签都经过了同一名女工的手,而这位女工在工作时不爱戴手套,结果导致棉签上都黏附了她的DNA。

被污染的棉签误导了警方整整16年,如果不是在最后一起案件中,警方检验一名男性死者的DNA时,发现他的DNA竟然和这位"无面女杀手"一样,进而察觉到取样过程有问题的话,那么这种误导可能还会继续下去。显然,技术的进步固然能帮助人们解决更多的疑难问题,但觉得只要用上新技术,问题就都能迎刃而解,从而忽视工作中应有的严谨性,这种心态只会导致更大的失误。

以身试毒

在《魔鬼之踵》的故事里,福尔摩斯做过一个十分危险的实验,他将自己作为实验对象,并因此遭遇了生命危险!

《魔鬼之踵》描写的故事发生在幽静的乡下,某天夜里,一座古堡里凑在一起玩牌的几兄妹居然一死两疯,原因不明更找不到凶手。一桩看似无解的奇案,在福尔摩斯的重重调查下逐渐露出了蛛丝马迹。福尔摩斯怀疑是几位受害者的大哥用一种药粉投毒,借助烛火焚烧让药粉药性挥发,毒死毒疯了自己的弟弟妹妹。为了验证自己的想法,福尔摩斯便拉着华生一起陪他做这个验证实验。

他把药粉放到一盏点燃的灯上,然后和华生面对面坐下,两人和灯保持着相同的距离。接下来,华生就闻到了一股微妙而令人作呕的香味,华生感到:

头一阵气味袭来,我的脑筋和想象力就不由自主了。一片浓黑的烟雾在我眼前缭绕,但我心里还明白,在这种虽然无形却正向我受惊的感官猛扑过来的黑烟里,潜伏着宇宙间一切神秘、恐怖而不可思议的邪恶东西。模糊的幻影在浓黑的烟云中旋转漂移,每一个都是一种威胁,预示着有什么东西就要出现。一个无法形容的人影来到门前,几乎要撕裂我的灵魂。一种阴冷的恐怖控制了我。我感到头发竖立起来了,眼珠向外突出,嘴被迫张开,舌头像皮革。脑子里如此混乱,一定有什么东西折断了。我试图喊叫,模模糊糊地意识到自己的声音是一阵嘶哑的呼喊,离我很遥远,不属于我自己。

这个实验让华生十分痛苦,而且产生了幻觉,他在吸入药粉后产生了中毒反应,要不是福尔摩斯和华生在最后关头相互扶持、跌跌撞撞地跑出房子,后果将不堪设想。

福尔摩斯为了验证自己的理论连命都不要了,甚至搭上华生的性命他也在所不惜!要知道,福尔摩斯在此之前已经猜出了这种药粉可能就是凶手使用的致命毒药,已经有人因此而死,他还要做这样的实验来验证这种药粉的毒性,这也有点儿太疯狂了吧。

在严厉批评完了福尔摩斯胆大妄为、漠视安全的不规范操作之后,我们还是要为他和作者柯南·道尔辩解两句。首先,福尔摩斯的探案故事毕竟是个文学作品,柯南·道尔这样写虽然很不符合实际情况,但对于读者却很有吸引力。

其次,柯南·道尔的主业毕竟是个医生,也许他在上学的时候学过化学,但他未必就能把很多操作要求记得那么清楚,所以写作的时候出现错误也是在所难免的。当然,我们也可以从另一个角度想,故事的记录者华生也是个医生，对化学应该也不太熟悉，看着福尔摩斯的操作觉得眼花缭乱，记错了也是有可能的。另外，别忘了福尔摩斯也说过，华生写东西有夸大的毛病。

第三，在福尔摩斯和柯南·道尔的时代，人们对于化学实验的危险性还缺乏足够的重视，安全意识不强，防护手段也很有限，所以福尔摩斯在做实验时的表现在当时也不能算特别离谱。现代化学实验室的各项安全规章制度是在一次次实验事故的基础上制定和不断完善的，就像交通法规是在一次次交通事故的基础上建立起来的一样。

到现在，人类发现的有毒物质已经不下1万种了，遇到投毒的案子，光是要确认其种类就是一项大工程。虽然人们已经认识到对有毒物质进行严格管控的重要性，且我国已制定了相关的法律法规，但投毒犯罪还是时有发生，新的有毒物质仍不断出现，因此，有毒物质的检验和鉴定仍然是摆在化学家们面前的一个十分重要的课题。

我国古装电视剧中常有这样的情节，地位很高的人（比如皇帝和王爷之类）在吃饭之前，会有人专门拿出一根银针插进饭菜里，然后抽出来看一看，如果银针发黑就说明饭菜中有毒。其实这是一种很古老的毒药检验技术，叫作"银针试毒"。在古代这种技术的确使用得很多，《洗冤集录·卷四》中也记载："若验服毒，用银钗皂角水揩洗过，探入死人喉内，以纸密封，良久取出，作青黑色。"

中国古代出现得最多的毒药是砒霜，这种毒药的化学名称叫三氧化二砷，因为古代多产于江西信州（今称上饶），所以又名信石，简称"信"。砒霜在古代使用得非常多，就连光绪皇帝之死也与此有关。清朝末代皇帝爱新觉罗·溥仪曾描述过他听说的一件事："光绪在死的前一天还是好好的，只是因为用了一剂药就坏了。后来才知道，这剂药是袁世凯派人送来的"。

然而这一切都只是猜测,直到2008年,一支专家课题组运用最先进的科技手段,通过5年时间才得出结论:光绪皇帝确实是被人用砒霜毒死的,但投毒者到底是慈禧太后、袁世凯、李莲英,还是其他什么人,已经彻底搞不清楚了。

"银针试毒"就是针对砒霜进行的检验,古代的砒霜纯度不高,含有大量杂质,以硫化物为主,硫化物遇到金属银会产生黑色的硫化银,这就是银针

光绪皇帝

试毒的原理,也就是说银针试毒试出来的不是有毒的三氧化二砷,而是其中的杂质。在古代,这种方法有一定的可行性(但其实准确度并不高,鸡蛋也能使银变黑),到了今天,三氧化二砷的纯度可以做得很高,使用银针就完全试不出来了。

事实上,化学家也像普通人一样很珍视自己的生命,他们一点儿也不想用福尔摩斯的方法研究毒药,同时他们也希望用比福尔摩斯更准确、更有说服力的方法来对毒药进行鉴别。

1814年,西班牙化学家奥尔菲拉《毒药的特性》一书出版了,这是第一部毒理学专著,奥尔菲拉也因此被视为现代毒理学的奠基人。1836年,英国化学家詹姆斯·马什发明了一种能够检测出砒霜的方法,只要样品中有很少量的砷元素(大约0.02微克),就能用这种方法检测出来,而且利用这种方法还能测试出样品中的毒素含量。1851年,比利时化学家让·塞尔维斯·斯塔斯发明了一种检测生物碱的方法,后来这种方法又经过了德国化学家弗里德

里希·朱利叶斯·奥托的修正和改进。这种方法被称为斯塔斯-奥托测试,直到今天还被偶尔使用。

现今最具"盛名"的有毒物质就是氰化物了,它是含有氰基的化学物质的总称。氰基是一个碳原子和一个氮原子组成的化学结构,氰化物也分为无机氰化物和有机氰化物两种。

氰化物在毒药家族中名声响亮,甚至超过了传统的毒药之王砒霜。在很多自杀和他杀案件,以及侦探小说中用来下毒的氰化物一般都是氰化钾,这是因为氰化钾是一种剧毒物,只需要极少的量就能在极短时间内置人于死地,且氰化钾很容易溶解在水里,因此投毒非常方便。另外,氰化钾是电镀、冶金等行业常用的原材料,在有毒物质管理不严格的时代还是比较容易得到的。

我们在看侦探小说、影视剧或动画片的时候,常常会看到某个侦探因闻到死者嘴里有苦杏仁的味道,于是判断其死因是氰化钾中毒的情节。这是因为氰化钾被服下之后会和胃酸反应产生有苦杏仁味道的氢氰酸,但这种判断方法是极其危险的,因为氢氰酸也是一种剧毒物质,如果闻多了也会导致死亡,而且,有的人天生就闻不到氢氰酸的味道,他们就更容易中毒了。

现在常用的一种氰化物测试方法是普鲁士蓝法,这种方法的原理是氰化物和酸反应产生氰化氢气体,氰化氢和硫酸亚铁、三氯化铁反应产生普鲁士蓝成分。普鲁士蓝是一种蓝色颜料,会让样品变蓝,若测试样品中有蓝色出现,那就证明该样品内含有氰化物。

目前,除了使用试剂、通过化学反应测试有毒物质之外,人们已经有了更多更高效也更准确的测试方法。

检验分析人员面对的样品经常是成分复杂的混合物,这时就需要先把混合起来的各种成分进行分离,再进行分析。色谱是现有的一种高效的分离方法,由俄罗斯植物学家米哈伊尔·谢苗诺维奇·茨维特发明的,他原本是使用这种方法来分离植物的色素,这种方法也因此得名,但现在色谱的使用范围更广泛,经常被用来分离很多没有颜色的东西。色谱的原理是不同的气体或液体在某种固体中也会流动,只是流动速度不同,有的快,有的慢,这样流动一段时间之后,混合物中的成分就会在固体中拉开距离,自动分开。根据这种流动成分的状态,色谱又分为气相色谱和液相色谱。

红外光谱、紫外光谱、核磁共振谱和质谱,这四种分析方法合称"四大谱",是确定有机物成分的常用分析方法。就像每个人都有只属于自己的指纹一样,每种物质也都有自己独特的谱图,将这四种方法联合使用,就能判断出物质的基本结构。现在化学家们用这四种方法检测过很多物质,它们的谱图被收录在数据库里。在我们鉴别一个未知物质的时候,只要把它的谱图和数据库里的谱图进行对比,找到一致的,就可以判断物质的成分了。如果有必要,人们甚至可以使用这些方法计算出检测成分的含量,这对案件的调查和审判都是有重大意义的。如果我们把色谱和四大谱(使用质谱或者红外光谱较多)相连,再把检测设备和电脑相连,就能一步分析出样品中的所有成分了。现今,这些化学分析方法除了用于分析投毒案件中的毒药,也被用来调查酒驾、吸毒等犯罪行为。

石膏的妙用

福尔摩斯的故事里还提到了一些物质,有时它们是福尔摩斯破案的关键,福尔摩斯会利用这些物质的化学特性来查找线索。其中,石膏就出现了三次。

《四签名》的故事非常著名,说的是一个在南非服役的英国士兵伙同当地土著劫掠了一批财宝,结果这批财宝又被两个英国军官巧取豪夺去了。

两个军官回到英国后再次因为分赃不均起了内讧,导致一人身亡。另一人在担惊受怕了几年后,被最早劫掠财宝的英国士兵寻仇杀死。福尔摩斯和华生介入了这一案件,根据细致的追踪和对凶手足印的深入分析,最终揭开了凶案背后十几年的恩怨,并抓获了凶手。

说来真够幸运,凶手无意中踩了沥青,留下了清晰的脚印。但如果凶手只踩踏了土地是不是就没办法提取脚印了呢?并不是。在《四签名》里,福尔摩斯告诉华生他正在写一篇关于脚印跟踪的专论,里面提到了用熟石膏保存脚印的方法。这里体现了福尔摩斯作为侦探的专业能力。

石膏第二次出现是在《六座拿破仑半身像》里,这回石膏变成了主角,被警方追得走投无路的抢劫犯把一颗著名的珍珠藏在了石膏像里。抢劫犯虽然摆脱了警察,却没守住石膏像,石膏像被人运往伦敦出售。为了找到珍珠,抢劫犯只好跑到伦敦一个个去追踪卖出去的石膏拿破仑像,把它们砸碎,寻找珍珠。从外人看来,跑到别人家里不偷不抢只是把人家新买的拿破仑像砸碎了,这种行为更像是这个人患有精神疾病。熟知石膏特性和石膏像加工工艺的福尔摩斯敏锐地察觉到了还存在其他可能,并据此展开调查,最终抢先一步寻回了失窃的珍珠。

《六座拿破仑半身像》插图,福尔摩斯正准备打破石膏像

看来石膏这种物质早在福尔摩斯所处的维多利亚时代就已经获得了广泛的应用,当时的人们对于如何使用石膏已经非常有经验了。对于刑侦工作来说,它可以作为提取脚印的工具,对于日常生活

来说,它可以用来做成塑像作为装饰或模型。在《三个同姓人》里,福尔摩斯的客户收藏了一排石膏头骨模型,作为陈列摆在家里,上面刻有"尼安德特人""海德堡人""克罗玛宁人"等字样,以此来彰显自己是一个"学科的爱好者"。

其实,石膏的应用历史由来已久。中国古代曾将它用作药材和做豆腐用的原料。在西方,石膏的使用历史可以追溯到新石器时代。在古埃及、古希腊和古罗马,石膏都曾被广泛地用作建筑材料。

石膏之所以能用来提取脚印,还能制作人像和模型,主要是因为它具有特殊的性能。石膏的主要成分是硫酸钙,硫酸钙和水有很强的亲和力,能够把水分子牢牢锁住,并形成形状固定的晶体。自然界中有大量的天然石膏矿,从石膏矿里可以开采出生石膏,把生石膏放在温度很高的窑炉里煅烧,能让一部分结晶水分解出来挥发掉,把煅烧后的石膏磨成很细的粉末就可以得到熟石膏。把熟石膏和水按照一定的比例混合后,可以变成有流动性的石膏糊,但这种状态不会保持很长时间,它会很快变成一个白色硬块,最终还能达到很高的强度,这个过程叫作固化。固化后的硬块在不受外力破坏的情况下能保存很久。

利用石膏的特性,人们开发出了许多用途,福尔摩斯说的提取脚印就是其中之一。石膏的这种性能还被用在建材上,可以用来生产石膏板材,也可以做成腻子粉用来给墙面找平。石膏腻子细腻洁白,强度很高,是非常优良的建筑装饰材料。另外,石膏还被公元前1000多年的阿拉伯人用来固定断骨。1852年荷兰军医安东尼乌斯·马蒂森把石膏和绷带结合,发明了用于治疗骨伤的石膏绷带外固定技术。此外,齿科也会用到石膏来为患者做牙齿模型。做牙齿模型的过程有点像提取脚印,要先调制做模具的材料,调配好后,把没有完全固化的模具材料放进患者口中,让患者咬出牙印,然后把模具取出,等它完全固化后,在其中灌注石膏,然后脱模。

化学小贴士

化学已经进入我们衣食住行的每一个方面,和我们的日常生活息息相关。有时化学在我们的生活中很显眼,比如前文说到的火和发酵;有时化学则隐藏得很深,比如我们的衣服中使用的合成纤维和合成染料。生活中许多常识和现象蕴含某些化学知识,如果不注意或不小心搞错了,那也会给我们带来大麻烦。下面的几个小贴士,你都知道吗?

1. 现在普通家庭的卫生间里几乎都有84消毒液和洁厕灵。84消毒液的主要成分是次氯酸钠,主要用于物体表面和环境等的消毒,洁厕灵的主要成分是盐酸,可消除厕所污垢及异味。但是,若把这两种物品放在一起使用,不仅不会增强效力,反而会发生化学反应,放出有剧毒的氯气。若不知道这一点,则会酿成严重的后果。(《名侦探柯南》的第121、122集《浴室密室事件》曾提到,凶手试图通过混合这两种清洁剂而放出的毒气来杀害受害人。)

2. 酒精有时会被我们用来作为燃料,比如,有的家庭喜欢用液体酒精作为火锅的燃料,但要注意的是,如果把液体酒精倒入未燃尽的酒精炉里,就有可能导致酒精在短时间内大量汽化,酒精蒸气会被余火点燃,飘散在空气中,造成火灾。

3. 现今我国部分地区,有的家庭冬天仍使用煤炉供暖,但在密闭的室内,若煤炭不充分燃烧则会产生致命的一氧化碳,人吸入这种气体后会使血红蛋白失去结合氧的能力,严重的还会导致死亡,侥幸生还后也有可能留有后遗症。

4. 现在多数家庭都会使用天然气,它无毒、无色、无味,易散发且不易积聚成爆炸性气体,但如果长时间不对天然气管路进行维护,或者操作不当就会导致天然气泄漏,当屋内天然气浓度过高则会造成空气缺氧,不能维持生命活动,易产生头晕、乏力、恶心呕吐等症状,长时间也可能引起死亡。现在,如果天然气发生泄漏,人们就能闻到臭鸡蛋的气味,这是因为天然气公司在天然气中添加了臭味剂四氢噻吩,闻到这种味道,人们就知道天然气发生泄漏了。

5. 有许多化学品是需要特殊处理的,若随意排放或丢弃则会对环境造成污染。像我们平时使用的塑料制品,如果随意丢弃就会变成白色污染,历经上万年也不会降解,但如果把这些塑料制品回收再加工,就能生产出新的塑料产品,减少污染的同时还能减少石油资源的消耗。保护环境人人有责,遵循正确的垃圾分类方式,合理利用垃圾资源,变废为宝,这是我们每个人都能做到且都应做到的。

第六章

福尔摩斯和地质学

☽

相比于化学,福尔摩斯的地质学知识更加令人难忘,他的多次推理都是依靠地质学知识完成的,但人们似乎并不认为他的地质学成就比化学高。华生对福尔摩斯所掌握的地质学知识的评价也谈不上赞誉。华生的描述是:"偏于实用,但也有限。"这8个字倒像是在说福尔摩斯并没有认真地学习过地质学,更谈不上系统地研究了。你也许会问,福尔摩斯为什么不系统地研究一下地质学呢?别觉得不好意思,因为这还真是个值得探究的问题呢。

最宏大的学科之一

"地质"两个字很容易让人误解这门学问是专门研究土地的,但其实地质学的范畴远不止于此。我们可以给地质学下一个简单的定义:它是一门研究地球起源,探讨压力与时间、历史和结构的学科,主要的研究内容是地球的物质组成、内部构造、外部特征、各圈层间的相互作用和演变历史。

在时间维度上,地质学涉及的范畴涵盖了整个地球历史,其研究的起点是太阳系形成的时刻。而关于地球起源和演化的科学研究直到近现代才开始,目前一般认为大约46亿年前,太阳周围的星云聚拢,在万有引力的作用下,重的物质不断向地球内部迁移、集中,最终形成了地球。

如果把地球诞生到现在的大约46亿年缩小到1年,那么人类存在的时间只相当于极短的2分钟,可见地球的历史对于我们而言是多么的漫长。在远古时代,人们只能寄情神话来解释太阳、地球究竟是怎么形成的,比如中国神话"盘古开天"等。

在很多年里,关于我们脚下这片土地的形状,人们也只能想象。我国古人认为天就像一个圆形的帐篷一样盖在四四方方的平地上,《周髀算经》有云:"天圆如张盖,地方如棋局。"而古希腊的数学家、哲学家毕达哥拉斯则认为大地是球形的,他有这种看法是因为他认为在立体图形中球形是最完美的,并没有客观依据。

今天,宇航员们从太空拍到了地球的照片,我们终于可以一睹地球的全貌了,它确实是一个蓝色的球,但它并不是一个标准的球体,它的赤道略鼓,而两极稍扁。借助多种科学方法，通过实测及分析，目前认为地球平均赤道半径约为6378千米，极地半径约为6357千米，且南极凹进去了约30米，北极则凸起了10多米，地球看起来更像个鸭梨。

从空间上来看，地球的外层笼罩着大气，形成了大气层，地表由水（江河湖海）和土（陆地）两部分组成，挖开地表，就会触及坚硬的地壳，再往下是地幔和地核，其中蕴含着丰富的矿藏。

陆地表面的土壤为植物的生长提供了基础，是各种动物尤其是人类赖以生存的根本。地壳中的各种岩石为人们的日常生活提供各种便利，石油、煤炭、各色金属等矿产更是人类生产生活不可或缺的资源。人类为了自身的需要，从很早就开始研究这些领域，并逐渐形成了一个庞杂的学科——地质学。

矿物学、岩石学、矿床学和地球化学等都是地质学的分支学科！而研究地球历史的学科又包括：古生物学、地层学、古地理学、地质年代学等。从应用的角度上看，地质学又可分为：水文地质学、工程地质学、军事工程地质学、数学地质学、海洋地质学、地震地质学、火山地质学……就算是职业的地质学家，也都难说精通其中任何一个细小分支，更何况福尔摩斯仅是一个咨询侦探了。

福尔摩斯的地质学

在那张著名的清单里，华生说福尔摩斯的地质学知识"偏于实用，但也有限"，这个评价似乎并不高，但后面又紧跟了一句"他一眼就能分辨出不同的土质。在散步回来后，他曾把溅在裤子上的泥点指给我看，并且能够根据泥点的颜色和坚实程度说出它是在伦敦什么地方溅上的"。

从这段描述中可以看到，福尔摩斯很了解贝克街周边的泥土分布情况，至少对他散步能走到的范围内的泥土情况，他是很了解的。我们不清楚福尔摩斯的散步习惯，不过按普通人的情况来估计，他散步能到达的最远地点应该离贝克街221B不超过5千米。假如我们以贝克街221B为圆心，以5千米为半径画一个圆的话，这个圆的面积还不到80平方千米。福尔摩斯要破的案子当然不可能全都集中在这80平方千米上，但刚才提到的那些泥点是福尔摩斯自己在外面散步时溅上的，指出这些泥点是在哪里溅上的，倒有点儿像是一场开卷考试，难度一点儿也不高（当然，比那些翻书也找不到答案的人来说，还是厉害很多的）。

在《四签名》里，福尔摩斯小试牛刀，展示了自己的地质学知识。在故事的开头，福尔摩斯和华生闲聊时，随口提到华生早上应该去过威格摩尔街的邮局。这让华生大为吃惊，因为这是他"一时的冲动所为，并没有向任何人提起过啊"。

华生的惊讶让福尔摩斯很得意，他解释说："观察使我发现，你的鞋面上沾有一小块红泥。"

就凭这一点，福尔摩斯就推测出了华生去过威格摩尔街的邮局。因为福尔摩斯知道"威格摩尔街邮局对面正在修路，挖出的泥土堆积在人行道上，进出邮局的人很难不踩到泥土，那儿的泥有一种特殊的红色"，而且，据福尔摩斯了解，"附近其他地方都没有那种颜色的泥了"。

你看，福尔摩斯还是很厉害的，他应该去过这个地方，并且充分掌握了下面这些情况：

1. 当地有这种颜色很特殊的红色泥土；
2. 周围没有这种泥土；
3. 这种泥土在进出这个邮局的必经之路上。

因此，他能顺理成章地推断出华生去过这个邮局。可见，福尔摩斯对这一片儿的泥土分布情况了若指掌，且对颜色特别敏感。有意思的是，福尔摩斯做出这个推断之前，根本没有翻书，也没有翻自己做过的任何记录，显然，福尔摩斯的脑中有一张土壤分布地图，他看到一种泥点，就能立刻精确地检索出哪里有这种土壤。

在《致命的橘核》这个故事中，福尔摩斯在一个暴风雨的夜晚接待了一位委托人。他对这个年轻人稍加打量，立刻判断出这个人来自英格兰的西南部。这个年轻人很惊讶，他表示自己确实是从西南来的，具体地点是霍尔舍姆。福尔摩斯这次判断的依据是什么呢？他说："粘在您鞋尖上混合在一起的黏土和白垩土，很清楚地告诉我您是从哪里来的。"

黏土是一种含沙量很低、黏性很高、可塑性很好的泥土，是烧制陶瓷的原料，因此经常被当作一种矿产。黏土的主要成分是高岭土，我国著名的"瓷都"景德镇周边就盛产黏土，高岭土这个名字正是以景德镇东北方向40千米的高岭村（这里是景德镇制瓷业最重要的原料产地）的名字命名的。而英格兰的康奈尔半岛也以盛产黏土闻名，康奈尔半岛位于英格兰的西南角上。

白垩是一种疏松的石灰岩，它的主要成分和一般的大理石、石灰岩差不多，都是碳酸钙，但因为状态像泥土，所以通常被称为白垩土。白垩土有很高的工业价值，也被视为一种矿产。英格兰的白垩土主要分布在英吉利海峡的海岸上，在这里有一座著名的悬崖——多佛白崖，这座悬崖之所以是白色的，就是因为它的主要成分是白垩土。霍尔舍姆位于英格兰的西萨塞克斯，恰好是西南部。

福尔摩斯从这个年轻人鞋子上混合着的黏土和白垩土推断出他来自英格兰西南部，也是很合理的。同时，我们也可以发现，福尔摩斯对于辨别土壤种类还算是内行,哪怕是两种土混在一起,他也能搞清楚它们都是什么。

在《三名大学生》的案子里,福尔摩斯的委托人在案发现场的桌子上发现了黑色的泥球,泥球上有一些黄色的锯末,福尔摩斯在另一间房子里发现了另一块黑色的泥块。后来,福尔摩斯在大学里转了一圈之后,发现在圣路加学院的运动场上,"跳坑内用的是黑色黏土……上面撒着细细的黄色锯末。"

他由此推理出案件的真相。在这个案子里,福尔摩斯并没有搞清楚这种黑色泥土的种类,事先也不知道哪里有这种泥土,他只是对这些泥球做了一个对比检验,发现它们是同一种泥土,泥土上的锯末在对比检验中也起到了很重要的作用。

在《带斑点的带子》这个案子里,福尔摩斯发现,委托人斯托纳小姐左臂的外套上至少有7处泥点。这些泥点还没有完全干掉。于是,福尔摩斯推断,这位小姐早上起得很早,而且乘坐过一种轻便的双轮马车在崎岖泥泞的道路上行驶了一段路程。因为据他观察,只有这种马车的车轮才会在行走的时候甩起泥巴来,而且根据外套上泥点的位置,他断定这位小姐坐在了马车夫的左边。斯托纳小姐立即说福尔摩斯说得完全正确,她是早晨不到6点就起身上路了,到达莱瑟黑德时是6点20分,然后乘滑铁卢车站的头一班火车来的。接着,她又介绍起了自己的情况,她说自己和继父一起住在萨里郡西部边界的斯托克莫兰……

你有没有发现什么问题?福尔摩斯不是能根据泥点判断出当事人去过哪里吗?为什么在《带斑点的带子》这个故事里他没能做到这一点呢?是福尔摩斯突然失去自己的本领了,还是作者写到这儿忘了呢?

在研究这个问题之前,我们先梳理一下这几个故事发生和发表的时间,以及土壤出现的地点,为了方便比较我们可以列一张表(见下页)。

案件名	发表时间	发生时间	土壤出现的地点
《血字的研究》	1887年	1881年	贝克街周边
《四签名》	1890年	1888年	威格摩尔街
《致命的橘核》	1891年	1887年	霍尔舍姆
《带斑点的带子》	1892年	1883年	斯托克莫兰到莱瑟黑德的路上
《三名大学生》	1904年	1895年	圣路加学院

福尔摩斯在《血字的研究》和《四签名》中辨识土壤的能力最厉害,到了《致命的橘核》里,他还有辨识土壤的能力,但已经不那么精确了,在《带斑点的带子》里,他好像干脆忘了自己有这方面的能力,而在《三名大学生》中,他虽然有这种意识,但脑子里那张土壤分布地图好像丢了。不难发现,随着时间的流逝,福尔摩斯运用地质学的能力似乎越来越弱了。

为什么会出现这种情况呢?这或许和作者柯南·道尔有很大的关系。柯南·道尔一开始赋予了福尔摩斯辨识土壤的能力,因为他认定这种能力定能帮助福尔摩斯解开许多谜团,所以在《血字的研究》《四签名》故事里他把这个能力写得神乎其神。但是,我们别忘了,柯南·道尔毕竟是医生出身,他没有系统地学习过地质学知识,要写出福尔摩斯依靠地质学知识破案的故事,难度实在有些大。可以说,柯南·道尔一不小心给自己出了一道难题。

前面我们说过,福尔摩斯能把自己散步可达的80平方千米范围内的土壤搞得一清二楚,《四签名》中的威格摩尔街仅离贝克街大约有1000米,所以福尔摩斯掌握威格摩尔街的土壤情况自然不在话下。

那霍尔舍姆到贝克街有多远呢?大约60—70千米。莱瑟黑德到贝克街多远呢?约40千米。显然,福尔摩斯对于伦敦以外的地方有什么样的土壤就搞不清楚了,他之所以知道西南部有黏土和白垩土,是因为这些地区的黏土和白垩土很出名，而不是因为自己专门跑到现场观察过。

至于圣路加学院，我们现在不太确定这是个什么学校，位于哪里，但从书中的描述来看，这个学校应该离贝克街221B不太远，可能就在伦敦或伦敦旁边。按理来说，福尔摩斯应该对这个地方的土壤是了解的，但问题是他们所面对的土壤很有可能不是这个地方本来就有的土壤。案件中所涉的土壤是"跳坑内用的黑色黏土"，它通常起到平整地面和缓冲的作用。现在，对于这种土壤往往有特殊的规格要求，一般不会直接使用运动场当地的原生土壤，而在福尔摩斯的时代，这些土壤也很可能也是从别的地方运过来的，所以福尔摩斯搞不清这种土是什么，或者一下子说不出哪里有这种土也是情有可原的。

在这里我们还是要为柯南·道尔和福尔摩斯辩解一下。要知道，福尔摩斯生活的英格兰有13万平方千米，包括9个地区（相当于9个省），这9个地区下辖共87个行政区（相当于87个市），虽然远没有我们中国大，但想靠着福尔摩斯一个人搞清楚这片土地上每一个地方（这里说的"地方"可能指一个城市，也可能指一个街区）的所有土壤类型和土壤特征，未免也有些太过于强人所难了。

在福尔摩斯那个时代，现代地质学刚刚开始发展，还很不成熟，人们对于地球了解得很少，所积累的直观经验虽多，却缺乏梳理，不成体系。地质学家一边研究地质理论，一边进行地质考察，虽然也有很多发现，但还不够全面。

英国的地质调查局成立于1835年，是全世界历史最久的一个地质调查机构，早期工作主要是调查煤炭、钢铁等矿藏储存和分布情况，并将其绘制成图。显然，这个机构的设立主要是为了满足工业和战争的需要，要知道，煤炭和钢铁是当时的工业和战争消耗最多的两种资源。而人们对土壤的研究开始得更晚，1883年，俄国土壤学家瓦西里·瓦西里维奇·道库恰耶夫发表了《俄国黑钙土》一书，书中提出了土质成分地带分布学说。道库恰耶夫认为，土壤在空间分布上有明显的地带规律性，这种思想和福尔摩斯故事中根据土壤判断一个人去过哪里的想法暗合，但要说柯南·道尔是受此启发显然也很牵强。

我们完全可以说，福尔摩斯对于地质学知识的运用虽然不像柯南·道尔一开始说的那么神乎其神，但故事中利用地质学知识破案的方法是有一定道理的，而且带有预言性质，说它是有科幻色彩的故事情节也许更加合适。

至于福尔摩斯的研究方法，我们可以发现，他基本上是靠肉眼看。华生说他根据土壤的颜色和坚实程度进行判断，但实际上福尔摩斯关注的基本都是颜色。在《四签名》里，他看到土壤有一种特殊的红色，在《致命的橘核》里，他看到的黏土和白垩土都是白色的，在《三名大学生》里，他看到的土壤是黑色的。至于坚实程度，柯南·道尔基本上没提过。这倒也不能怪柯南·道尔前言不搭后语，毕竟坚实程度不太好描述，颜色则十分直观。

其实，了解福尔摩斯的人都知道，除了眼睛之外，他还有两大勘查物证的法宝，一个是上一章我们提到的化学，另一个是他的显微镜。看到这里，我们自然会生出一个疑问，福尔摩斯为什么不用化学方法检查土壤呢？他又为什么不用显微镜观察一下土壤呢？

1840年，化学家李比希发表了《有机化学在农业和生理学上的应用》，这是人们用化学方法研究土壤的开端，但化学家们关注的是土壤的肥力问题，包括土壤中植物的营养物质是什么，这些营养物质有多少，会不会因为植物生长过程中对它们的吸收而产生变化。这也是从农业角度出发的实用研究，在那个时期，相对于提高作物产量来说，通过土壤抓住凶手的意义显然有些微不足道。

用显微镜来观察土壤,也是一个专门的学科,它被称作"土壤微形态学"。这个学科的历史更短,它创建于20世纪30年代,这个时候,福尔摩斯的故事早就连载完了,柯南·道尔也去世了。柯南·道尔未必想不到用显微镜去观察土壤,但是显微镜下的土壤是什么样子的,不同的土壤在显微镜下有什么区别,是他无法想象的,让福尔摩斯在这些方面做得特别深入未免要求过高了些。

所以,福尔摩斯基本不可能使用化学手段和显微镜技术来分析土壤,用肉眼能获得这样的观察成果就已经很了不起了,而柯南·道尔能写出福尔摩斯根据土壤判断出一个人来自哪里或者去过哪里就已经很伟大、很超越时代了,具体细节上的瑕疵无损于这种伟大。

地质学对刑侦学的贡献

你的鞋子知道很多

根据土壤判断一个人去过哪里,在现实中是否可行呢?其实,就在大侦探福尔摩斯的时代,已经开始有人使用地质鉴定的方法帮助破案了。其中,最著名的一位还真不是别人,就是福尔摩斯的创作者柯南·道尔。还记得我们在第一章里提过的那个案子吗?1904年,一位黑人律师乔治·伊达尔吉被控虐杀动物,并因此被判7年,随即被关进监狱,到了1906年他又被莫名其妙地释放了,但警方对此没有任何说法,他不能继续从事律师工作,也没有获得任何赔偿。

伊达尔吉在监狱里读过福尔摩斯的故事(谁不爱读福尔摩斯的故事呢),想到了可以找柯南·道尔帮忙自己洗刷罪名。出狱后,他给柯南·道尔写了一封信,说明了自己的遭遇。

柯南·道尔得知他们家的情况之后,义愤填膺,并发誓彻查此事。他先和伊达尔吉见面,然后对物证进行了检视。一个强有力的证据是,柯南·道尔发现伊达尔吉的视力有问题(别忘了柯南·道尔的本职工作是眼科医生)。他立刻安排了一场视力检查,结果确认了伊达尔吉是高度近视。但是,在被虐杀的动物中,有一匹马是在某一个大雨倾盆的夜里被杀死的,地点是一个没有灯光的牧区草场。显然,以伊达尔吉的视力,他完全不可能在一个漆黑的雨夜走到这个现场去虐杀动物。

另一个强有力的证据就是泥土。柯南·道尔发现案发现场马匹尸体的周围遍布着褐色中带红色的泥浆,但被警方没收充作证物的伊达尔吉的靴底却只有黑色的泥浆。设想一下,假如伊达尔吉真的是凶手的话,他穿着这样一双靴子去现场行凶,靴子上怎么可能不沾上那种褐色中带红色的泥土呢?

就是因为这两个证据,柯南·道尔坚信伊达尔吉是无辜的,他继续深挖,最终为伊达尔吉洗刷了罪名。

同时期的科学家们也开始着手研究在案件侦破中如何使用地质方法,但他们并不满足于只是用眼睛看看就给出结论,毕竟科学家们手里可用的工具多着呢。

汉斯·格罗斯是一位奥地利预审法官,他的职责是在法院受理案件之后先行判断案件是否符合立案标准,原被告双方提交的证据是否存在问题,然后在开庭前将符合立案标准的案件提交给主审法官。在工作中,格罗斯日益感到当时的警方工作极不严谨,办案人员过于轻信证人证词,而忽视物理证据,因

汉斯·格罗斯

此，他觉得迫切需要建立一套科学、系统的办案方法。

1893年，格罗斯出版了自己的刑事调查学专著《预审法官手册》，内容包括法医学、毒物学等当时司法实践中出现的所有科学方法，同时他还对地质学在未来犯罪调查中能起到的作用进行了大胆预测。他认为，可以使用显微镜和矿物学检测的方法对各种地质学物质进行研究，因为，"同千辛万苦的调查相比，附着在鞋上的泥浆更能帮助我们反推穿着者曾经身处的环境"。

后来，《预审法官手册》被翻译成英文，并被更名为《犯罪调查：地方法官、警察和律师实务读本》，这本书对后来的刑事科学调查工作产生了深刻影响。格罗斯推崇科学，反对依赖直觉，认为应该依靠系统地进行犯罪重建，他极大地推动了犯罪学发展，后来成为刑法学和犯罪学教授。1912年，在他的努力下，世界上第一个犯罪学研究组织"帝国犯罪学协会"在奥地利成立，他是当之无愧的刑事科学侦查研究鼻祖。

法庭地质学初显威力

1900年，法兰克福的一位犯罪调查人员受格罗斯的《犯罪调查：地方法官、警察和律师实务读本》启发，请乔治·波普帮忙使用化学方法检查物证。波普是第一位在刑事侦查实践中运用法庭地质学的科学家，他在法兰克福有一间自己的实验室。通过此事波普大受启发，从此开始致力于使用化学分析方法和显微镜技术在刑事侦查工作中的应用研究。

1904年，在波普生活的法兰克福，一个名叫伊娃·迪许的女裁缝被谋杀了。警方在发现尸体的一片大豆田里找到了一块脏手绢，手绢上沾有一些煤炭和矿物颗粒，之后警方找到了一名叫罗巴赫的嫌疑人。

波普对罗巴赫指甲里的遗留物进行了检验，发现了煤炭颗粒和矿物颗粒,罗巴赫指甲遗留物中的矿物颗粒和犯罪现场那块脏手绢上的矿物颗粒都含有一种叫作角闪石的矿物成分,这让他的嫌疑陡然上升。波普随即对嫌疑人裤子上的泥土进行了分析,结果发现这些泥土和犯罪现场以及从犯罪现场到嫌疑人家路上的泥土特征吻合。在强大的证据面前,罗巴赫不得不承认了自己的罪行。

这个案子是地质学证据第一次被用于谋杀案的调查,并且取得了良好的结果,它表明地质学证据在刑事侦查中自有其地位和作用,而1908年的另一个案子则更进一步地证明了地质学证据的重要性。

这个案件发生在德国巴伐利亚,一个名叫玛尔加伊特·费尔伯特的家庭妇女被谋杀了,警方这次也找到了一个嫌疑人,名叫安德利亚斯·施利策。施利策是个声名狼藉的盗猎者,他有一支来复枪,而费尔伯特正是被来复枪击中身亡的。警方仔细搜索了案发现场及周边地区,结果在附近的一个城堡里发现了施利策的枪、弹药和一条裤子。但是,施利策矢口否认自己和谋杀案有关,他狡辩说这些东西是自己在案发前放到那里去的,而案发当天,他正在自家地里干农活。施利策的妻子则一问三不知,只是说自己在案发前一天清洗了丈夫的衣服和鞋子(最后这句话看似和案情无关,其实在破案的过程中起到了关键作用)。这次,警方再次请出了波普。

波普去了犯罪现场和几个与犯罪嫌疑人有关的现场,收集了很多泥土的样品,并对这些样品进行了检验。波普发现:施利策家周围的土壤中有很多绿色的鹅粪,他家的农田里有斑岩、石英、云母等矿物,以及农田里必然会有的植物根部纤维、麦秆和落叶;案发现场的泥土里有红色的砂岩和含铁的红色黏土;在发现了枪、弹药和嫌疑人裤子的古堡的地上却有很多煤灰、碎砖和水泥块。

接下来,波普对施利策的鞋子进行了研究。这双鞋上的前脚掌粘了很厚一块泥巴,他把泥巴剥离下来,仔细研究之后,发现这一块泥巴共有三层。他小心地把这三层剥离开来,分别进行了研究,结果发现:在最上面一层,也就是最靠近鞋底的一层泥巴里面,混有绿色的鹅粪;在中间的一层泥巴里,含有红色的砂岩和黏土;在最下面的一层里,含有煤灰、碎砖末和水泥颗粒;但每一层的泥巴里都没有斑岩、石英和云母。

显然,最靠近鞋子的一层泥巴和施利策家周围的土壤匹配,中间一层泥巴和案发现场的泥巴匹配,最下面一层泥巴和发现枪、弹药和嫌疑人裤子的古堡的泥土相匹配,不管哪一层泥巴都和施利策家农田里的土壤对不上。

嫌疑人的妻子亲口承认过,在案发的前一天把丈夫的衣服和鞋子都清洗过了,所以这一层泥巴只有可能是在案发当天及以后的时间里粘上的。鞋底没有能和农田土壤匹配的泥巴,说明施利策在案发当天及以后都没有去过自家农田里干活,他的一个谎言被推翻了。鞋底的泥巴与案发现场及古堡的泥巴匹配,说明他在案发当天或之后去过这两个地方,施利策的又一个谎言被推翻了。

只是推翻嫌疑人的谎言还不够,要定案还必须重建嫌疑人的行动轨迹和行凶过程。波普认为,上层的泥巴先粘到鞋子上,越往下的泥巴粘到鞋子上的时间越晚,所以,施利策当天应该是先从家里出来,鞋子在家附近粘上了带有绿色鹅粪的泥巴,也就是最上一层泥巴,然后他到了案发现场行凶,在这里他的鞋子粘到了有红色砂岩和黏土的泥巴,也就是中间一层,接着,他到古堡丢弃枪、弹药和裤子,并在那里把带有煤灰、碎砖末和水泥颗粒的泥巴粘到了鞋子上,这就是最下面一层泥巴。

在这个案件的调查中,波普不仅通过地质学证据把嫌疑人和凶杀案联系在了一起,还通过泥土粘附的先后次序准确推断出了嫌疑人的行凶过程,完美地解决了这起谋杀案。波普的工作表明,地质学方法能够在刑事案件调查中起到无可替代的作用,这个案件不只是进一步提高了波普在刑事科学调查领域的地位,还推动了刑事案件调查中地质学调查方法的研究工作,并由此催生出了一门新的学科——法庭地质学。

两物接触,必有转移

波普之后,前文提到的现代法证学之父埃德蒙·罗卡登场了。罗卡在读过了福尔摩斯探案故事和格罗斯的《犯罪调查:地方法官、警察和律师实务读本》之后深受启发,他提出了著名的"两物接触,必有转移"的罗卡定律,并在1910年夏天建立了一个很小的实验室。这个实验室是法国里昂法院的两间阁楼,由法国国家警察局提供,国家警察局还给罗卡配了两个助手。这两间阁楼的条件十分简陋,冬天只能靠

埃德蒙·罗卡

炭炉取暖,但就是在这个小实验室里,罗卡开始了他的研究工作,并建立起了现代法证学,后来这个实验室发展成了里昂警察局法庭科学实验室。罗卡的工作自然也包括研究地质物证,事实上,建立这间实验室的初衷就是为了支持他在土壤方面的研究,法庭地质学是他的主要研究方向之一。

1935年,FBI开始将土壤分析和矿物分析应用于案件侦查。事实证明,这项工作有着极其重大的意义,不仅仅是因为法庭地质学帮助FBI破获了很多恶性案件,更重要的是,它在不久之后爆发的第二次世界大战中大显身手。

1944年,日本在太平洋战场上节节败退,包括东京在内的多个城市遭到

气球炸弹

美国轮番轰炸。眼看"末日"将近,走投无路的小矶国昭内阁把宝押到了一种新奇而又荒唐的新式武器上。这种武器是日本的一位气象学家荒川秀俊在1942年提出的:在气球上挂载炸弹,利用风力使气球飘到美国,炸弹在那里引爆后就能给美国造成伤亡和其他损失。日本政府听到这个方案后如获至宝,开启了代号为"飞象行动"的气球空袭计划。

从1944年11月到1945年4月,日本一共投放了将近1万个这种带炸弹的气球,这些气球炸弹有的根本没能飞起来,而大部分都在太平洋上坠毁了。

1945年5月,俄勒冈有一家7口在郊游时看到树上有一个白色的东西,一个孩子出于好奇,拉了一下它垂下来的绳子,结果挂在上面的炸弹立即爆炸,当场炸死了5个孩子,而孩子的母亲被送到医院后也不治身亡。由于对这种诡异的东西完全摸不着头脑,一时间美国人心惶惶。媒体还给这种不知名的武器起了个外号——"乳白色魔鬼"。

美国军方、FBI都对这种武器感到十分头疼,在严密封锁消息的同时,也对气球炸弹进行了研究。他们一开始认为气球可能是由日本潜艇施放的,但气球充的是氢气,不太可能搭乘潜艇长途运输,后来他们觉得是日裔美国人放的,但大多数日裔美国人在美日开战之初就被美国关进了集中营,其他人也受到了严密监视,很难搞出什么小动作。

根据荒川秀俊的研究,这些气球的高度在9000—10 000米时,能够以最快的速度稳妥地到达美国本土。为了控制气球的高度,日本人设计了一种特殊的装置,它可以自行调整气球高度:如果气球高度超过10 000米,气球阀门将自动打开,排出氢气;气球上放有沙袋,当气球的高度低于9000米时,气球就会自动丢下部分沙袋,这样它就能再次回到预定高度。美国人就是在这种沙袋里发现了突破口。

美国人发现,沙袋里装的沙子是美国没有的,这就排除了气球是从美国境内施放的可能性,同时也洗清了那些日裔美国人的嫌疑。经过进一步检验,他们发现这些沙子中含有一些硅藻成分。硅藻是一种单细胞海洋生物,在地球上存在的历史很久了,近年来很火的硅藻泥涂料就是用硅藻土(古代硅藻尸体的沉积物)做的。硅藻成分说明这些沙子来自海岸边,而进一步的检查发现这些沙子里没珊瑚,但是有贝壳碎片。在日本,珊瑚生长的最北端是东京湾,也就是说,这些沙子来自东京以北的海滩。调查人员还在沙子里发现一种有孔虫,具有讽刺意味的是,日本的教科书里就描述过这种有孔虫,还指明了它们生活在东京北部的海岸线。调查人员还发现,沙子本身是花岗岩颗粒,其中含有一些微量矿物质,包括紫苏辉石、斜辉石、角闪石和石榴石。调查人员仔细研究了日本的地质学资料,把沙子的来源锁定在了盐釜大海滩北边、靠近仙台的海滩和一宫市的海滩。

接下来的事情就很简单了,美国人派出了侦察机对这两个地点及其周边地区进行了侦察,结果在一宫市发现了两个氢气工厂,接下来,美军的空中堡垒——B29轰炸机——登场了,这两个工厂被彻底炸毁。没有了氢气,氢气球也飞不起来了。再加上美国严密封锁消息,日本人得不到一点儿关于气球炸弹的反馈,这让日本人非常沮丧,认为气球炸弹根本没有任何战果,最终"飞象行动"被迫终止。

第二次世界大战后,荒川秀俊因战争罪被判处7年徒刑,而参与气球炸弹调查的人们也发现,他们当时遗漏了另外两个地点,这是因为他们手头的沙子样本不足,因此没能比对出来。后来,FBI永久设立了法庭地质学的调查部门,美国的地质调查局也进一步加强了地质调查工作。

除了这几个案例,法庭地质学还在一些重大案件中大显神威,其中就包括著名的路易斯·蒙巴顿伯爵遇刺案和美国缉毒局(DEA)特工恩里克·卡玛雷诺绑架谋杀案。随着技术手段的进步,法庭地质学的调查方法早已不限于最初的肉眼和显微镜观察了。并且,地质学方法除了用于分析刑事犯罪中的现场物证之外,还能用于侦破与矿产、宝石及艺术品有关的诈骗案。

观察你身边的土壤

时至今日,要检验一个泥点、一块石头,科学家们首先要做的仍然是看,而颜色仍是看的重点,但是人们对地质学的了解已经今非昔比,能看到的东西也比福尔摩斯的时代多了很多。

孟塞尔

土壤和岩石的颜色往往与其内部所含物质和元素的种类有关,红色表明其含有丰富的铁元素,绿色可能和铜元素有关,我国东北地区的土壤呈现黑色则是因为其中含有丰富的腐殖质。当然,同一个色系的颜色也可能呈现出很大的差异,如果只说某样品的颜色是红还是黑,显然会带来不小的误差。1898年,美国艺术家阿尔伯特·孟塞尔发明了一种新的描述颜色的方式——孟塞尔颜色系统。这个系统在20世纪30年代被美国农业部采纳，成为描述土壤颜色的方法。

孟塞尔颜色系统使用色相、明度、色度三个指标来衡量，色相是指颜色属于红、橙、黄、绿、青、紫哪个大类，明度是指颜色看上去亮还是暗，色度则是指颜色深还是浅。为了方便测量，人们编制了色卡，把每一种颜色都印刷在硬纸卡片上，使用时，将样品和色卡对比，看样品颜色和色卡上的哪种颜色一致。现在，人们还发明了分光光度计对颜色进行测量，这种方法更加简便、快速、精准。

土壤和沙粒都是由一些小的颗粒组成的，这些颗粒有粗有细。每一个颗粒的大小称为粒径或粒度，很多颗粒中每个粒径的颗粒有多少，被称为粒度分布。测量粒径当然不能用一把尺子一颗一颗地去量，最常用的方法是用筛子筛。筛孔的大小叫作孔径，这是我们事先知道的，能通过筛孔的颗粒就是粒径小于孔径的，留在筛子上面的就是粒径大于孔径的，分别称一下筛子上和筛子下面颗粒的重量，就能知道这一堆颗粒里面，粗的有多少，细的有多少了。如果我们把很多不同孔径的筛子按照孔径由粗到细的顺序从上到下摞在一起，再把要测试的样品过筛，就能分析出不同粒径范围内的颗粒各有多少。如果我们希望得到更精确的数据，可以增加筛子的数量，让筛子和筛子之间的孔径差距变得更小，也可以采用粒度仪对样品进行测试。

利用上面的知识，我们可以动手尝试一下分辨不同的地质样品。如果不是专门从事农业生产的，一般能接触到的主要是居住地周围的土壤，比如说我们生活的小区和工作单位附近花坛、绿地里的绿化土。这些土壤和福尔摩斯在《三名大学生》中找到的那种黑色土壤一样，也是从别处移来的客土。如果我们在家中养花养草的话，可能会买一些袋装的营养土。另外，如果你有喝咖啡的习惯，想想你喝剩下的咖啡渣，猛一看是不是也挺像土壤的？

设想一下,假如我们把这三种"土"分别用三个透明塑料袋装起来,并且密封得严严实实的(严实的程度以闻不到咖啡渣的味道为准),你该怎样分辨这三种样品呢?

既然是封在袋子里,我们首先自然还是要像福尔摩斯一样,先看,认真地观察。我们首先要看的,也是福尔摩斯特别关注的内容——颜色。

我们会发现咖啡渣的颜色很深,是咖啡色的(这个绝对不会有什么争议),也就是一种深棕色,而绿化土可能会比咖啡色浅一些,颜色可能会有些发黄或者发红(你可以认真观察一下你的样品),至于营养土,它的颜色可就有点儿复杂了,因为它是为了满足植物生长发育而专门配出来的一种土壤。注意,营养土是人工配制的,具体来说就是把天然土、有机质,以及其辅助成分混合在一起配制成的一种混合物。这些成分各有不同的颜色,比如,天然土可能是深黄色的,一些矿物成分(如蛭石)可能是白色的,木屑可能是浅黄色,草木灰是灰色的。

你看,光凭颜色我们就可以把这三种样品分辨个大差不离,不过到此结束未免有点儿太肤浅了,我们还可以继续看看这几种"土"的粒径。咖啡渣是使用过的咖啡粉,咖啡粉是用咖啡豆磨成的粉末,为了确保咖啡的风味,咖啡粉一般都会磨得很细,所以咖啡渣也是一种非常细的粉末。绿化土一般会比较粗,但粒径一般比较均匀,每一颗都差不多大。而人工配制的营养土,它的粒径也和颜色一样很复杂,其中可能有一些很细的土壤成分,也可能会有一些粒径比较大的矿物成分。另外,我们还有可能在其中发现一些完全不是颗粒的木屑或者植物纤维。

接下来,我们测试一下这几种样品的酸碱性。在上一章里,我们提到可以用来测试酸碱度的酚酞试液。一般来说,适合植物生长的土壤,其酸碱性都接近中性,也就是pH值在7左右,尤其是用来绿化的客土和用来培育植物的营养土,更不会特别偏酸性或者偏碱性,而酚酞试液在pH值超过8的情况下(确切地说,是大于8.2)才会变色,用酚酞试液来测试土壤是酸性还是碱性显然不是一个理想的方法,所以,在此我们选择使用广范pH试纸来测试土壤的酸碱性。

但是我们的样品都是固体,该怎么测试它们的酸碱性呢?我们可以把这些样品分别放进三根试管里,再往试管里加水(注意:每根试管里的样品重量要一样,加的水也要一样多,实验室一般会使用蒸馏水,在家里如果没有条件的话也可以使用自来水,当然最好是把自来水烧开后晾凉再用),并盖好试管盖,然后使劲晃一晃。接下来我们把这些试管放在试管架上,等上1—2个小时,这样样品里的酸碱成分就被泡进了水中,而三种样品都会慢慢地沉到试管的底部。这时,我们用广范pH试纸测试一下,不出意外的话,绿化土和营养土的pH值都接近7,也可能会接近6,这是因为这些土壤里可能含有大量的腐殖质,酸性是其中的氨基酸导致的,而咖啡渣的pH值有可能是6(这要看咖啡本身是偏酸还是偏苦了)。

使用水可以将土壤中能够在水中溶解的物质浸泡出来,如果换成酒精这样的有机溶剂浸泡土壤,就能够把土壤中的有机成分浸泡出来。这种应用溶剂将固体原料中的可溶组分浸泡出来的方法是浸取。通过这种方式,我们可以对土壤中的成分分别进行提取,然后对提取出来的成分进行测试,测试方法自然包括我们在前一章讲过的各种化学方法。

在这里我们补充说明一下,有些地区的土壤可能还具有一些特殊的性质,比如放射性。1986年4月26日,苏联统治下乌克兰境内的切尔诺贝利核电站发生核反应堆爆炸并引起大火,核物质被抛向天空,随即散落在地面上,事故除了造成大量人员死亡、患病和严重的经济损失外,还导致切尔诺贝利周围的土壤至今都具有很强的放射性。2011年3月11日,日本东北部海域发生里氏9.0级大地震,地震造成严重的人员伤亡和巨大经济损失,并导致位于福岛的日本东京电力公司福岛第一核电站发生泄漏。核物质进入海洋和周边的土壤,导致土壤产生放射性。

在有关福岛核泄漏事故的新闻报道中,"贝克勒尔"这个名词被反复提及,它是放射性活度的单位。所谓放射性活度是指每秒钟发生核衰变的原子数目。贝克勒尔来自法国物理学家安东尼·亨利·贝克勒尔的姓氏,是他发现了天然放射性。

当然,大部分地质样品的放射性不会强到切尔诺贝利和福岛周围的土壤的那种程度,更多时候,这种放射性极其轻微,但对于地质证据的鉴定有着非常重要的意义。

结束语

> 那是些灯塔,我的伙计!未来的灯塔!
>
> ——《海军协定》

《海军协定》发表于1893年,当时已近维多利亚王朝的尾声,英国依然是世界上最强盛的国家。福尔摩斯在故事中所说的"灯塔"其实是伦敦市郊的一些寄宿学校。在福尔摩斯的眼中,这些学校正在培养下一代英国人,他们是即将引领英国乃至世界的一代人。然而,1893年之后实际发生了什么,我们现在都知道了。1899—1901年,英国在第二次布尔战争中损失惨重,并开始走下坡路。再经过两次世界大战,英国的国力大不如前,殖民地纷纷独立,领土不断萎缩,"日不落帝国"昔日的荣光已经成了明日黄花。英国虽然辉煌不再,福尔摩斯的故事却始终在世界侦探文学史上占据着王者地位,并深刻地影响着其他学科的发展,就像灯塔一样持续地发着光。

在小说的世界里,福尔摩斯之前的侦探们没有他那么大的影响力,福尔摩斯之后的侦探们则有意无意地模仿着他。在侦探文学之外,福尔摩斯的故事还深刻地影响着其他文学门类和我们的语言,其中一个例子就是当我们提到某个见微知著、明察秋毫的人物时,往往会把他比喻成福尔摩斯。我国的刑侦专家乌国庆就被誉为"中国的福尔摩斯",2020年初天津市疾病预防控制中心传染病预防控制室主任张颖因对天津宝坻百货大楼聚集性新冠肺炎疫情进行了抽丝剥茧的分析而被誉为"天津福尔摩斯"。

福尔摩斯在科学领域的影响也是巨大的，我们前面谈到过，埃德蒙·罗卡坦言自己能够创立法证学正是因为受到了福尔摩斯故事的影响，化学、地质学、密码学、信息学和逻辑学也与福尔摩斯故事之间有着千丝万缕的联系。事实上，福尔摩斯故事和现代科学之间的关联远比我们想象的更加紧密。2001年，美国加利福尼亚大学圣迭戈分校的研究者在《英国医学杂志》上发表了一篇调查报告。他们发现，在每月4日，华裔和日裔美国人因为慢性心脏病导致的死亡人数会比平时高，这个情况在加利福尼亚尤其明显，而普通美国人却没有这种情况。在排除了饮食、运动和药物等方面的影响后，专家们认为，这是因为在中国和日本的文化中，"4"和"死"谐音，华裔和日裔因为对"4"的忌讳使他们在这一天会产生心理恐惧，并导致了死亡率的上升。研究者为这种现象起了个名字——巴斯克维尔效应，这个名字来自福尔摩斯故事中的名篇《巴斯克维尔的猎犬》。在故事中，受害人巴斯克维尔患有心脏病，凶手就用一条涂抹了发光涂料的猛犬来追逐他，导致他因为恐惧而心脏病发作猝死。值得一提的是，这篇关于"巴斯克维尔效应"的调查报告发表的时间距离《巴斯克维尔的猎犬》首次发表的时间整整过去了100年。

一部作品在发表之初就能引起巨大轰动已经很不容易，在一两百年之后仍然能有大量的拥趸更是难得，而像福尔摩斯这样能够深入每一个人的心中，任何人都可以随时不假思索地提起他，这简直是个奇迹。更加神奇的是，这部作品对于柯南·道尔来说只是随意为之，他并没有为创作这60个故事花费太多的精力，做太充分的准备，所以我们能在作品中找到不少矛盾之处。有趣的是，这些随意之作最终成了经典名著，而他耗费大量精力进行准备和构思的作品却没有引起太大的反响。

其实这倒并不奇怪，就像我们之前说过的，福尔摩斯的成果一方面固然和作者本人有关,柯南·道尔很小的时候就开始讲故事,还一直给杂志投稿,他的写作功力在这个过程中得到了磨炼。柯南·道尔还是个率真任性的人,在福尔摩斯故事的创作过程中,他可以任意挥洒自己的想象力,这恰恰是作品打动人心的保证。今天的写作者们或许也可以从中获得一些启迪。另一方面,除了作者本人的妙笔灵思之外,福尔摩斯故事中所体现的那种科学和逻辑的思维方式、人文思想、冒险精神与当时以及后来的世界都是非常契合的。今天的科学技术更是达到了福尔摩斯所处的维多利亚时代所无法企及的高度,人们对于未来的期待和对于未知的好奇心也从未降低,福尔摩斯故事中的科技本身虽然在现在看来已经过时、不够准确,但一个明智的读者在阅读这些故事的时候,不会因此而苛责作品不够严谨、早已过时,因为故事中的科学思维和冒险精神从未过时,而这才是真正值得关注的东西。

  整部人类历史也是一部科学技术的发展史。前人的智慧不断传承,先行者往往想不到自己的研究会为后人带来怎样的福泽,经过后人的发展又会到达何等的高度。毕达哥拉斯在提出素数的概念时,绝对不会想到在2000多年后的今天,素数被用于加密。1832年5月30日的夜晚,第二天就要赴死的埃瓦里斯特·伽罗瓦拼命想把自己的学术成果记录下来,此时的他也绝对不会想到,他正在书写的群论在一个世纪之后会被波兰数学家用来破解恩尼格玛密码。中国的古人按照"一硝二磺三木炭"的配方制作黑火药的时候,也绝对不会想到几百年后的欧洲有一个名叫阿尔弗雷德·贝恩哈德·诺贝尔的人会发明出硝化甘油和雷管,从而让爆炸变得威力更大,也更加可控。他们更想不到诺贝尔还会创立一个在全世界范围内最有影响力的奖项,奖励那些为人类做出巨大贡献的人。贝尔教授在给他的学生们做推理表演时,不会想到他会成为柯南·道尔的灵感源泉……同样,柯南·道尔在创作《巴斯克维尔的猎犬》时,也不会想到"巴斯克维尔"这个名字在100年之后被科学家们用来命名一种心理现象。

让我们设想一下：假如毕达哥拉斯研究素数的时候被人质疑这种研究看上去没什么用，假如伽罗瓦在决斗前只顾为自己即将死去忧愁痛苦，无暇顾及他那些在当时看来没有意义的研究，恐怕我们今天也就不可能拥有固若金汤的RSA算法，"波兰三杰"和世界反法西斯力量也会对恩尼格玛密码机束手无策；假如人们只满足于黑火药的威力，没有发明出威力更大的炸药，我们面对崇山峻岭时也只能兴叹不已，无法到达山的那一边；假如贝尔教授不去做那些看似和他的医学毫无关联的推理演示，也许柯南·道尔一辈子也想不到要描写福尔摩斯这个伟大的侦探形象，那样一来，他一生最大的成就也许就是一位不成功的医生和文学爱好者了，而后来福尔摩斯掀起的那股热潮也就不会出现，这本书也不会出现在诸位读者面前了。

超前于时代的科学理论和研究往往会面临"有什么用"的质疑，一门能满足人们眼前需要的技术也会令人产生"这样就行了"的想法，假如人人都抱着这种心态，我们的社会显然永远无法进步。同样地，假如我们对文学的态度永远停留在"好看就行""看看就好"上，我们的思想也永远无法进步。好在我们还拥有那些永远对未知充满了好奇心的科学家和对未来充满了想象力的文学家，文学家为我们想象出一个美好的未来世界，科学家则为我们实现了它。

福尔摩斯所处的时代是一个飞速发展的时代，我们现在所处的时代发展的速度甚至更快。我们身处这样一个时代，既是见证者，也是参与者。就像毕达哥拉斯和伽罗瓦想不到他们的工作会被后人怎样发展和演绎，以及柯南·道尔想不到福尔摩斯这个人物会给后人带来怎样的启迪一样，我们往往也很难想到我们所参与的事业会对未来造成怎样的影响。我们只知道未来的世界并非凭空而来，都是在我们今天工作的基础上发展而来的。也许我们会对每天重复的工作感到厌烦,会为倾注心血写下的文字没有读者而感到烦恼,但我们今天做的每一件事都是在改变未来的世界。

福尔摩斯曾经自负地说过一句话:

> 在伟人的心里,任何事情都不是微不足道的。
>
> ——《血字的研究》

这里的所谓"伟人"就是福尔摩斯本人,在他看来,一起案件中的任何细节都有重大意义。同样地,对于社会和历史来说,每个人的所作所为也不是微不足道的,每个人都在以自己的方式产生着影响。时代的发展是我们每一个人都参与其中并贡献自己力量的结果。我们的工作不会都变成灯塔,却都是历史长河中的点点波光。

参考书目

[1] 柯南·道尔.2011.福尔摩斯探案全集.佟舒欣,等译.哈尔滨:北方文艺出版社.

[2] 刘臻.2011.真实的幻境——解码福尔摩斯.天津:百花文艺出版社.

[3] 米勒.2012."福尔摩斯之父"柯南·道尔的传奇一生.张强,译.南京:江苏文艺出版社.

[4] 巴林-古德尔.2013.贝克街的福尔摩斯——世界首位咨询侦探的一生.朱琳,译.北京:新星出版社.

[5] 莱伦伯格,斯塔肖沃,福利.2013.柯南·道尔——书信人生.沈矗,章忠建,译.北京:法律出版社.

[6] 古德曼.2018.成为一名维多利亚人.亓贰,译.广东:广东人民出版社.

[7] 魏艳.2019.福尔摩斯来中国——侦探小说在中国的跨文化传播.北京:北京大学出版社.

[8] 克里斯蒂.1998.阿加莎·克里斯蒂自传.詹晓宁,译.贵阳:贵州人民出版社.

[9] 课程教材研究所,历史课程教材研究开发中心.2007.世界历史(九年级上册).北京:人民教育出版社.

[10] 宋文坚.1998.逻辑学.北京:人民出版社.

[11] 周婷.2019.罪案终结——破案专家的超级推理法.北京:中国法制出版社.

[12] 王小军.2019.罪案终结——犯罪心理侧写档案.北京:中国法制出版社.

[13] 马前进.2017.侦查思维中的推理方法.北京:中国法制出版社.

[14] 文仲慧,周明波,何桂忠,等.2019.密码学浅谈.北京:电子工业出版社.

[15] 丘吉尔.2017.第一次世界大战回忆录(全景插图版).吴良健,等译.北京:中国画报出版社.

[16] 赵燕枫.2008.密码传奇.北京:科学出版社.

[17] 刘红军.2016.信息管理概论(第三版).北京:科学出版社.
[18] 山冈望.1995.化学史传——化学史与化学家传.廖正衡,陈耀亭,赵世良,译.北京:商务印书馆.
[19] 牛顿.2014.福尔摩斯的化学.杨延涛,译.上海:上海科学技术文献出版社.
[20] 翟封祥.2016.材料成型工艺基础.哈尔滨:哈尔滨工业大学出版社.
[21] 宋慈著,罗时润,关信(注评).2017.洗冤集录注评.杭州:浙江古籍出版社.
[22] 吴泰然,何国琦,等.2011.普通地质学.北京:北京大学出版社.
[23] 默里.2013.源自地球的证据——法庭地质学与犯罪侦查.王元凤,金振奎,译.北京:中国人民大学出版社.
[24] 吴元浩(主编).2014.科技鉴案.上海:上海人民出版社.